アトラクション

① シュレック 4-D アドベンチャー
② セサミストリート4-D ムービーマジック
③ ユニバーサル・モンスター・ライブ・ロックンロール・ショー
④ ハリウッド・ドリーム・ザ・ライド／～バックドロップ～
⑤ スペース・ファンタジー・ザ・ライド
⑥ アメージング・アドベンチャー・オブ・スパイダーマン・ザ・ライド 4K3D
⑦ ターミネーター2:3-D
⑧ ミニオン・ハチャメチャ・ライド
⑨ バックドラフト
⑩ ジュラシック・パーク・ザ・ライド
⑪ ザ・フライング・ダイナソー
⑫ ジョーズ
⑬ フライング・スヌーピー
⑭ スヌーピーのグレート・レース
⑮ スヌーピー・サウンド・ステージ・アドベンチャー
⑯ ハローキティのカップケーキ・ドリーム
⑰ ハローキティのリボン・コレクション
⑱ エルモのゴーゴー・スケートボード
⑲ モッピーのバルーン・トリップ
⑳ セサミのビッグ・ドライブ
㉑ アビーのマジカル・ツリー
㉒ ウォーター・ガーデン
㉓ クッキーモンスター・スライド
㉔ アーニーのラバーダッキー・レース
㉕ ビッグバードのビッグトップ・サーカス
㉖ エルモのリトル・ドライブ
㉗ エルモのバブル・バブル
㉘ バートとアーニーのワンダー・ザ・シー
㉙ グローバーのコンストラクション・カンパニー
㉚ ビッグバードのビッグ・ネスト
㉛ モッピーのラッキー・ダンス・パーティ
㉜ アビーのマジカル・パーティ
㉝ ウォーターワールド

① ビ[...]
② ビ[...]
③ メ[...]
④ スタジオ・スターズ・レストラン
⑤ フィネガンズ・バー＆グリル
⑥ ルイズ N.Y. ピザパーラー
⑦ SAIDO
⑧ アズーラ・ディ・カプリ
⑨ パークサイド・グリル
⑩ デリシャス・ミー! ザ・クッキー・キッチン
⑪ ボパ・ナーナ
⑫ ハピネス・カフェ
⑬ ワーフカフェ
⑭ ザ・ドラゴンズ・パール
⑮ ロンバーズ・ランディング
⑯ フォッシル・フュエルズ
⑰ ディスカバリー・レストラン
⑱ ロストワールド・レストラン
⑲ アミティ・ランディング・レストラン
⑳ ボードウォーク・スナック
㉑ アミティ・アイスクリーム
㉒ スヌーピー・バックロット・カフェ
㉓ ハローキティのコーナーカフェ

ショップ

1 スタジオギフト・イースト
2 スタジオギフト・ウエスト
3 バックロット・アクセサリー
4 ユニバーサル・スタジオ・ストア
5 ビバリーヒルズ・ギフト
6 ロデオドライブ・スーベニア
7 カリフォルニア・コンフェクショナリー
8 キャラクターズ・フォー・ユー
9 ピーナッツ・コーナーストア
10 モッピーのラッキー・スポット
11 スタジオスタイル
12 ダークルーム
13 ハローキティ・デザインスタジオ
14 ハリウッド・パーティ
15 シネマ 4-D ストア
16 スペース・ファンタジー・ステーション
17 アメージング・スパイダーマン・ストア
18 ワンダーピックス
19 ユニバーサル・スタジオ・スーベニア／シネマギャラリー
20 ファン・ストア
21 ミニオンズ・ポップ・ショップ
22 スウィート・サレンダー
23 サンフランシスコ・キャンディーズ
24 ジュラシック・アウトフィッターズ
25 アミティ・アイランド・ギフト
26 スヌーピー・スタジオ・ストア
27 ハローキティのリボン・ブティック
28 セサミストリート・キッズ・ストア

アトラクション

Ⓐ ハリー・ポッター・アンド・
　ザ・フォービドゥン・ジャーニー
Ⓑ フライト・オブ・
　ザ・ヒッポグリフ

レストラン

Ⓐ 三本の箒
Ⓑ ホッグズ・ヘッド・パブ

ショップ

Ⓐ ゾンコの「いたずら専門店」
Ⓑ ハニーデュークス
Ⓒ オリバンダーの店
Ⓓ ワイズエーカー魔法用品店
Ⓔ ふくろう便 & ふくろう小屋
Ⓕ ダービシュ・アンド・バングズ
Ⓖ グラドラグス
　魔法ファッション店
Ⓗ フィルチの没収品店

ホグズミード村

三本の箒
Ⓐ

ホッグズ・
ヘッド・パブ
Ⓑ

ゾンコの
「いたずら専門店」
Ⓐ

Ⓑ ハニーデュークス

エントランス
アーチ

ふくろう便&
ふくろう小屋
Ⓔ

グラドラグス
魔法ファッション
Ⓖ

Ⓕ

ダービシュ・アンド・
バングズ

ストーン・
ゲートウェイ

マイランキング付き★予定表

- インパーク／（　　月　　日（　）〜　　月　　日（　））
- パークの営業時間／（　　　：　　　）〜（　　　：　　　）
- 開催中のイベント／（　　　　　　　　　　　　　　）

- 休止中のアトラクション

Step 2 インパーク日が決まったら予算をチェック!!

予　算				
・チケット代　　　　　円	大人　　　　　円 ×	人 =	円	
	子ども　　　　円 ×	人 =	円	
・ツアー代　　　　　　　　　　円	・おみやげ代　　　　　　　　　円			
・交通費　　　　　　　　　　　円	・食事代　　　　　　　　　　　円			

Step 3 マイランキングを書き込もう!!

乗りたいアトラクションBEST10

❶（　　　　　　　　　　（利用制限））
　エリア（　　　　　　　　　　　　）

❷（　　　　　　　　　　（利用制限））
　エリア（　　　　　　　　　　　　）

❸（　　　　　　　　　　（利用制限））
　エリア（　　　　　　　　　　　　）

❹（　　　　　　　　　　（利用制限））
　エリア（　　　　　　　　　　　　）

❺（　　　　　　　　　　（利用制限））
　エリア（　　　　　　　　　　　　）

❻（　　　　　　　　　　（利用制限））
　エリア（　　　　　　　　　　　　）

❼（　　　　　　　　　　（利用制限））
　エリア（　　　　　　　　　　　　）

❽（　　　　　　　　　　（利用制限））
　エリア（　　　　　　　　　　　　）

❾（　　　　　　　　　　（利用制限））
　エリア（　　　　　　　　　　　　）

❿（　　　　　　　　　　（利用制限））
　エリア（　　　　　　　　　　　　）

観たいショーBEST5

❶（　　　　　　　　　（時間　：　）　））
　エリア（　　　　　　　　　　　　）

❷（　　　　　　　　　（時間　：　）　））
　エリア（　　　　　　　　　　　　）

❸（　　　　　　　　　（時間　：　）　））
　エリア（　　　　　　　　　　　　）

❹（　　　　　　　　　（時間　：　）　））
　エリア（　　　　　　　　　　　　）

❺（　　　　　　　　　（時間　：　）　））
　エリア（　　　　　　　　　　　　）

買いたいグッズBEST5

❶（　　　　　　　　　　　（店名））
　エリア（　　　　　　　　　　　　）

❷（　　　　　　　　　　　（店名））
　エリア（　　　　　　　　　　　　）

❸（　　　　　　　　　　　（店名））
　エリア（　　　　　　　　　　　　）

❹（　　　　　　　　　　　（店名））
　エリア（　　　　　　　　　　　　）

❺（　　　　　　　　　　　（店名））
　エリア（　　　　　　　　　　　　）

キリトリ

USJ全体MAP

ミニオン・パーク ➡ 解説はP6〜　メイン・エリア（ハリ
アミティ・ビレッジ／ユニバーサル・ワンダーランド／ウ

ミニオン・パーク

サンフランシスコ・エリア

ニューヨーク・エリア

グラマシーパーク

ラグー

ウィザーディング・ワー
ハリー・ポッター入場整
セントラル
パーク

ハリウッド・エリア

【エリア別 色の分け方】
- ハリウッド・エリア
- ニューヨーク・エリア
- ミニオン・パーク
- サンフランシスコ・エリア
- ジュラシック・パーク
- アミティ・ビレッジ
- ユニバーサル・ワンダーランド
- ウォーターワールド

【アイコンの見方】
- トイレ
- ファーストエイド
- ファミリーサービス

エントランス
（入場ゲート）

ユニバーサル・シティ駅方面

・オブ・ハリー・ポッターMAP

➡解説はP32～

黒い湖

桟橋

オリバンダーの店

Ⓒ

Ⓓ ワイズエーカー
魔法用品店

ホグワーツ城

Ⓐ ハリー・ポッター・アンド・
ザ・フォービドゥン・ジャーニー

Ⓗ フィルチの没収品店

フライト・オブ・
ザ・ヒッポグリフ

Ⓑ

ジュラシック・パーク

USJ

10

11　24

16

17

18

ウォーターワールド

ン

ルド・オブ・
理券発券所

33

25

19

20

アミティ・ビレッジ

21

12

ウィザーディング・
ワールド・オブ・
ハリー・ポッター入口

13

26

22　15

27　14

16　17

23

24　19

26　25

22　18

20　21　23

30

31

28

32　27

29

ウィザーディング・ワールド・オブ・ハリー・ポッター

※詳しくは裏面へ

ユニバーサル・ワンダーランド

駐車場方面

ユニバーサル・スタジオ・ジャパン
決定版「得口コミ」完全攻略ガイド

テーマパーク研究会　著

メイツ出版

これこそが
USJだ！

行ったら絶対に体験しておきたい

USJの定番 7

①②③④⑤⑥

USJとっておき攻略術

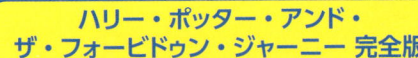

ハリー・ポッター・アンド・ザ・フォービドゥン・ジャーニー 完全版

①

超臨場映像で迫力満点！これを体験せずには帰れない!?

"ハリポタ"・エリアのなかでもこのアトラクションは最大の見モノ。2018年3月に"完全版"になり、映像の臨場感がさらにパワーアップした。混雑が予想されるので、ある程度の行列は覚悟して、150分以内の待ち時間なら、即並ぶべし！　あるいは、有料だがEパスを買って優先通路に並ぼう。ただし時間指定があるので要注意。

体験口コミ

まさかハリーと一緒に空を飛べるとは…！　しかも回転したりとあり得ない動きの連続なんです！（山形県／33歳／イズミ）

**詳しくは
➡P40へ！**

アメージング・アドベンチャー・オブ・スパイダーマン・ザ・ライド 4K3D

②

数々の賞を受賞したすべてが別次元のライド

USJの代表的アトラクション！　アメリカのアミューズメント業界誌で世界No.1ライドと評されるなど、その楽しさや迫力は世界の折り紙付き。屋内ライドなので、天候や時間帯は特に気にする必要もない。行列は必至だけど比較的回転が速いので、あまり待ちくたびれないのもうれしい。

体験口コミ

3-D映像に、水しぶきや炎…。こんな特殊効果だらけのライドは初めて！（佐賀県／20歳／牛君）

**詳しくは
➡P88へ！**

ミニオン・パーク

③

いるだけで楽しい！ミニオンだらけのエリア

怪盗グルーシリーズでおなじみ、ミニオンのエリア。もちろんアトラクション「ミニオン・ハチャメチャ・ライド」も体験できれば最高だが、話題の大人気エリアなので、エリアのポップで楽しい雰囲気だけでも存分に味わっておくべきだ。エリア内はどこもかしこもインスタ映えするスポットだらけ！

体験口コミ

「ミニオン・ハチャメチャ・グリーティング」でミニオンに触れた！　感激！（栃木県／31歳／のにー）

**詳しくは
➡P6へ！**

ジュラシック・パーク・ザ・ライド

4 スプラッシュ・ダウンで豪快に水濡れ！

USJに行くなら、おなじみの"水濡れ"は一度体験したいもの。その定番アトラクションがこれだ。最後のスプラッシュ・ダウンの瞬間は外から見えるので、どれぐらいの高さから落ちて、どれだけ濡れるのか確認してから乗ってみよう。きっとスリルも倍増するはず！

体験口コミ
水濡れがNGな人は、アトラクション入口にある自販機で簡易ポンチョを買おう！（富山県／21歳／富蔵）

詳しくは
➡ P108へ！

吊るされたジョーズと記念撮影

5 合言葉は「ハイ！ジョーズ」

USJの記念撮影スポットの中でも、いかにもUSJらしい写真が撮れる。撮影専任クルーがいて、スマホなどカメラを渡せば撮影をしてくれる。クルーのカメラでも1枚撮られて、フレーム入りの写真を購入できるが、もちろん買わなくてもOK。

体験口コミ
撮影する時、クルーが「ハイ、ジョーズ！」と絶叫！　びっくりしたなあモゥ。（埼玉県／30歳／トンコ）

詳しくは
➡ P164へ！

ウォーターワールド

6 エリア全体がセットの壮大なアトラクション

エリア全体がまるごとセットというこのアトラクションは最大の見モノ。しかも2018年にはリニューアルを予定している。見逃さないためにも上演スケジュールは要チェック。座る位置によって違った楽しみ方ができるが、最初は正面少し左寄りの中央辺りがベスポジ。

体験口コミ
前方の青く塗ってある席は、水濡れ確実な席。でもその近くも十分濡れる可能性大！（広島県／24歳／シゲオ）

詳しくは
➡ P136へ！

バタービール

7 泡立ちはまんまビール!?フシギな味を体験！

"ハリポタ"・エリアの大人気メニューがコレ。「ホッグズ・ヘッド・パブ」などで飲める。お酒ではないので未成年でもOKだ。味の評価は正直人それぞれ…だが、なぜかクセになりそうな不思議な魅力があるのは事実。夏はフローズンタイプなども登場。

体験口コミ
マグカップ付は少し高いけど、雰囲気が出るし、持ち帰りもできるからオススメ。（大阪府／17歳／ゆー）

詳しくは
➡ P48へ！

4大 アトラクション情報

2018年、USJでふたつの新アトラクションがスタート！さらにふたつの大人気アトラクションもパワーアップするぞ！

New! ① ユニバーサル・スペクタクル・ナイトパレード ～ベスト・オブ・ハリウッド～

常識を超える驚愕の夜型パレードがスタート！

しばらく行われていなかった夜のパレードが、いよいよ装いも新たに登場！ ハリー・ポッター、ミニオン、ジュラシック・ワールド、そしてUSJ初登場のトランスフォーマーと4つの映画の世界観で構成された、USJならではの内容だ。
そしてこのパレードで注目すべき点は、プロジェクション・マッピングを組み合わせているところ。フロートの動きに合わせて、ルート上の壁面がプロジェクション・マッピングで次々と変化して、さらにそれに合わせて音楽や照明などがシンクロする。物語の世界に包み込まれるような体験ができる新時代のパレードだ。

USJ通はココに注目
クリスマスなどでUSJのプロジェクション・マッピングの凄さは実証済み。これは期待できる！（大阪府／25歳／ダイジン）

New! ② プレイング・ウィズ・おさるのジョージ

かわいいジョージが大活躍するショー

世界中で様々な言語に翻訳され、75年以上に渡って何世代にも愛され続けている「おさるのジョージ」。そのアトラクションがUSJに初登場！ アニメの制作スタジオを舞台に、とにかくキュートで好奇心いっぱいのジョージが、ところ狭しと大活躍するシアター形式のショー・アトラクションとなっている。まるで現実に現れたかのようなジョージの姿に、子どもも大人も驚き、心奪われること間違いナシ。特に小さい子ども連れのファミリーにオススメだ。
また、かわいいジョージをあしらった、関連グッズ類の登場にも期待したい。

USJ通はココに注目
2世代で「おさるのジョージ」ファンの娘と私。このアトラクションは絶対見逃せません！（奈良県／37歳／専業主婦ミカ）

Renewal! 3

ハリー・ポッター・アンド・ザ・フォービドゥン・ジャーニー 完全版

最新技術により肉眼で 3-D 以上の迫力を実現

登場時から臨場感たっぷりのアトラクションだったのに、その後 3-D 化を経て、ついにこの「完全版」では、なんと 3-D メガネなしで立体感や奥行きを感じる映像を実現！　その最新の技術を駆使した、高精細の美しい映像は必見だ。

さらに特殊効果もパワーアップし、ドラゴンが吐く炎の熱さやディメンターの冷気がもっとリアルに！　まさに現実との境目が分からなくなるほどの冒険体験が楽しめるようになった。

以前よりは、若干混雑も落ち着いたアトラクションだが、この完全版の登場で、また大混雑しちゃうかも…。

USJ通はココに注目

メガネいらずだから、視界も広く感じる！ ドラゴンの炎の熱気も、より感じられて楽しい！（兵庫県／19歳／タンカン）

アトラクションの詳しい情報は ➡ P40 へ！

Renewal! 4

ウォーターワールド

壮大さはそのままに迫力や臨場感が倍増！

USJ のショー系アトラクションの中でも最大級の規模を誇る「ウォーターワールド」。もはや"定番"の存在であるこのスタント・ショーが、さらに進化する！

リニューアルにあたり、物語の世界観はそのままに、スタントを追加し、さらに特殊効果もよりパワーアップ。迫力やスリルが倍増した内容になっている。

「ウォーターワールド」といえば、エンタメ業界で世界的権威を誇る、ティア・アワード（THEA Award）で2度も受賞した、世界が認めるショー。それがさらに進化するのだから、USJ ファンならずとも見逃す訳にはいかないだろう。

USJ通はココに注目

リニューアルするとはいえ、ディーコン様はもちろん続投。USJ の人気キャラのひとりだもんね。（大阪府／31歳／ダイスK）

アトラクションの詳しい情報は ➡ P136 へ！

いよいよ建設開始！

SUPER NINTENDO WORLD情報

2017 年より建設がスタートした、任天堂のキャラクターをテーマにした新エリア「SUPER NINTENDO WORLD」。現在のところ、2020 年のオリンピックまでのオープンを予定している。

現在のところ、人気ゲーム「マリオカート」のアトラクションが予定されていて、非常に注目を集めている。まだ謎の部分は多いが、世界中からゲストが集まるであろう大人気エリアとなるのは間違いない。今後出てくる情報もこまめにチェックしておこう。

ミニオン・パーク

見どころ大解剖!!

2017年4月に誕生し、現在も大盛況のミニオン・パーク。
このエリアをバッチリ楽しむための見どころを紹介しよう。

世界最大級! ミニオンだけのエリア

映画"怪盗グルー"シリーズで、怪盗グルーの手下として登場する、黄色くて小さいフシギな生物、ミニオンズ。彼らだけを扱ったエリアとしては、実はこのミニオン・パークは世界最大級の規模を誇る。
エリアの構成は、アトラクションがひとつに、テイクアウト形式のフードスタンド2店、ショップが3店、そして楽しいゲームコーナーがふたつある。

> ＼口コミ／
>
> 映画で観た、怪盗グルーが住む住宅街をベースに、あちこちにミニオンが散りばめられたエリアです。また、ゲームの「スペース・キラー」は映画に出てきたままの姿で感動!
> (群馬県／25歳／ソナチネ君)

オープン時は特別なショーを開催 今後のイベント時も期待できそう!

エリアのオープン時には、「ミニオン・ハチャメチャ・タイム」という特別なショーが開催され、ド派手にコスプレしたミニオンたちのエンターティナー振りを楽しめるとあって、大盛況だった。今後もハロウィーンやクリスマスをはじめ、イベント時には特別なショーが期待できそうだ。また、イベント時にはグッズやポップコーンバケツなども、イベント仕様のレアものが出るかもしれないのでかならずチェックしよう!

> ＼口コミ／
>
> 「ミニオン・ハチャメチャ・タイム」は、DJや歌手に扮したミニオンズが登場! 次はどんなショーが登場するのかな? 今から楽しみ! (埼玉県／25歳／エクレア)

ミ
ニ
オ
ン
・
パ
ー
ク
情
報

「ミニオン・ハチャメチャ・グリーティング」でミニオンたちと仲良くなれる!?

怪盗グルーの邸宅を再現した「ミニオン・ハチャメチャ・ライド」の建物前などで行われる、「ミニオン・ハチャメチャ・グリーティング」。時間は知らされないが、1日に数回、この邸宅前にミニオンたちが現れて、触れ合ったり一緒に写真を撮ったりすることができる。気軽に散歩するミニオンに声を掛けてみよう。

\口コミ/

ミニオン・パークを歩いていたら、娘がミニオンを発見！ 突然だったから焦ったけど、すぐに近寄って一緒に写真を撮ってもらいました。（宮城県／35歳／会社員）

\口コミ/

噴水では、サーフィンしたり、水鉄砲で仲間を狙ったり、プールの監視員をマネしたりする、ミニオンたちがいます。インスタ映えするなぁ。（東京都／25歳／ノリのり子）

とにかくいろんな場所にいるミニオンを探そう！

このエリアは至るところにミニオンがデザインされている。例えばエリア中央の噴水には、水遊びするミニオンたちがいるし、入口ゲート、お店の看板…あらゆるところに潜んでいる。仲間と「ミニオン探し」するのも楽しいかも。

ここだけでしか手に入らないレアでかわいいミニオン・グッズがたくさん！

ここでしか買えないかわいいグッズばかりで、商品ジャンルも幅広い。3つのショップは中で繋がっているので、買い物がしやすい。また、ポップコーン・スタンド「ポパ・ナーナ」で買えるポップコーンバケツもファンならほしくなるはず！

\口コミ/

ぬいぐるみもいいけど、ミニオンの形をしたキュートな容器に入ったお菓子類もオススメ。食べた後も小物入れとして使えるので一石二鳥です。（広島県／29歳／りーこ）

\口コミ/

トイレの男女表示サインにご注目。ここにもミニオンがいます！（秋田県／17歳／タツ）

トイレは1ヵ所のみ でも意外と穴場というウワサ…

トイレは「デリシャス・ミー」脇の路地にある。結構目立たない場所なので、意外と穴場というウワサも…。もし混んでいた場合は、隣のニューヨーク・エリアの「ワンダーピックス」横のトイレなどが、替わりのトイレとしては近くて便利だ。

Eパス　チャイルドスイッチ

ミニオン・ハチャメチャ・ライド

 屋内　 ライド　アクティブ派　キャラ好き　友人同士

Map ⑧

**予想外の動きとスピードの連続！
ミニオンたちのハチャメチャな大冒険**

ミニオン・パーク情報

攻略術！

通路

怪盗グルーの邸宅をイメージした待合通路には、ファンならニヤリとするオブジェなども。モニターの映像も必見。

直前

ライドに乗る直前の研究室でグルーやミニオンズ、アグネスたちが登場。本編に入る前の気分を盛り上げてくれる。

ライド

ライドは4人×2列。巨大なドームスクリーンに映る高精細で立体的な映像にシンクロして激しくライドが動きまくる！

Data
身長制限：**122cm 以上**
　　　　（付き添い者同伴の場合は 102cm 以上）
定　　員：**8名**　　所用時間：**約18分**

待ち時間の目安
平日：**150**分
休日：**220**分

 ハミ出し情報　リビングルームにある巨大なサイの椅子。確か映画ではここから地下研究室に行くんだよね。まさか実物が見られるとは思わなかったよ。（京都府／17歳／アントンジュニア）

通路　モニターに映される ミニオン・クイズ

お楽しみPOINT

通路の前半に設置されている、モニターで流れる映像が楽しい！ ミニオンに関する色々なクイズが流れるのですが、ひっかけ問題もあったりして笑えます。（埼玉県／18歳／ワカコ）

映像　特殊メガネいらずの 立体的な映像

巨大なスクリーンに映る映像が超キレイ！ しかも特殊メガネをしていないのに、映像が立体的で奥行きを感じます。だから迫力やスリルも桁違いなんです！（京都府／29歳／コー）

ラスト　スリルの後は 感動のエンディング

その名の通りハチャメチャなライドだけど、意外とラストは感動的。詳しくは言えないけど、子どもたち3人とグルーの絆を感じられる温かいストーリーです。（岐阜県／28歳／ショウゴ）

ミニオン・パーク情報

トリビア グルー家の 家系図を見逃すなかれ

建物内のリビングルームには、イラスト入りのグルー家の家系図があります。グルーのルーツがこれで分かる？（三重県／26歳／みっこ）

グッズinfo

ミニオンの ゴーグル

ミニオンになれた記念に手に入れてみては？ これでハロウィーンのコスプレもバッチリ⁉

ココで買える！　ファン・ストア

➡ P12

ハミ出し情報　アトラクションでグルーの声を演じているのは、もちろん映画と同様、笑福亭鶴瓶さん。あの関西弁はUSJにピッタリだよね！（兵庫県／45歳／パペポ復活希望）

デリシャス・ミー！ザ・クッキー・キッチン

クッキーのスウィーツ

ファミリー　友人同士

Map ⑩

クッキーができる様子を窓越しに見学できる！

クッキーが次々にできあがる様子が楽しい！

ミニオンたちが発明したというコンセプトの製造マシンで作るクッキーを使ったスウィーツが楽しめる。また、巨大なミニオンたちと撮影できる、「デリシャス・ミー！ フォト・オポチュニティ」も併設している。

── メニュー例 ──
ミニオン・クッキーサンド（バナナアイス＆フルーツ／ストロベリーレアチーズ／抹茶ミルク／フルーツ＆クリーム）
……………………………………… 500円〜

ファミリー
クッキーの製造工程が見ていて飽きない！

ミニオンの顔をあしらったクッキーは、見た目もカワイイけど味も最高！　あと、クッキーが次々とできていく様子は見ていて本当に飽きない。ウチの娘もクギづけになってました。（東京都／41歳／弁護士）

20代女子
SNSにアップしたいカラフルなメニュー

ここのメニューはとてもカラフル。私が食べたクッキーを乗せたサンデーは、色とりどりのマシュマロも入っていて、思わず写真に撮ってTwitterにUPしちゃいました。（岡山県／30歳／アグネスの姉）

Data

キッズメニュー　低アレルゲンメニュー　アルコール

座席
スタンド形式なので、座席はない。近くのベンチを利用するか、食べ歩きですまそう。

予算
約1000円

ハミ出し情報
「デリシャス・ミー！ フォト・オポチュニティ」は、クルーの撮影＋持参のカメラでの撮影。クルーが撮った写真は1800円で買えて、購入しなくてもOK。（島根県／32歳／コン）

縦書き見出し：ミニオン・パーク情報

ポパ・ナーナ

友人同士　デート

Map ⑪

バナナの味がする ミニオン仕様ポップコーン

エリアの入口すぐ近くにあるポップコーン・カート。バナナの味がついた塩キャラメルポップコーンが買える。ミニオンのデザインをしたポップコーンバケツは、期間限定バージョンも出るので要チェック。

クルーのミニオン・コスプレがかわいい！

━ メニュー例 ━

ボブおしゃべりポップコーンバケツ
……………………………… 3480円

ミニオン・ポップコーンバケツ
〜キング・ボブ〜 …… 3200円

10代女子 | **アイスクリームの多さとかわいい店内にウキウキ**

しゃべるボブのポップコーンバケツを買ったよ！　おしりのボタンを押すと、意味不明なミニオン語を色々しゃべってくれるんだ。あと、結構容量があるのもうれしい！（和歌山県／15歳／部活は美術部）

ファミリー | **クリスマス仕様のバケツをゲット！**

クリスマス時期に、サンタの帽子を被って雪だるまを持ったボブのバケツを買えました！　娘も大よろこびで今も大事にしてます。これからどんなデザインが登場するか楽しみ！（大阪府／38歳／くーちゃん）

Data
キッズメニュー　低アレルゲンメニュー　アルコール

座席
スタンド形式なので、座席はない。近くのベンチを利用するか、食べ歩きですまそう。

予算
約3500円

ミニオン・パーク情報

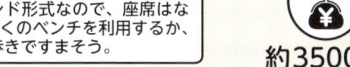

ファン・ストア

おもちゃ　Map 20

── おすすめグッズ ──
パンチングトイ…1800円

愉快なおもちゃがたくさん！

遊び心満点のおもちゃ類がそろう。カチューシャなど身に着け系グッズも。

自分用

**仮装に最適？な
グッズもたくさん**

フレームにミニオンをあしらった丸メガネを購入。今度ハロウィーンでかけよっと。（東京都／18歳／カンパネラ）

ミニオンズ・
ポップ・ショップ

ファッション　Map 21

── おすすめグッズ ──
トートバッグ…3900円

個性豊かなオシャレアイテム

ミニオンをあしらったバッグや帽子をはじめ、アクセサリー類などを扱う。

自分用

**ポップなデザインは
目立ちたがりに◎**

黒をベースに黄色いミニオンをデザインしたバックパックを買いました。オシャレ！（山形県／16歳／テッチー）

スウィート・
サレンダー

お菓子　Map 22

── おすすめグッズ ──
いたずらサンド…1500円

見出しかわいいミニオンお菓子

ミニオンをあしらった様々なお菓子類を中心に、小物なども扱うショップ。

おみやげ

**食べた後も
とっておきたい！**

お菓子は味もおいしいですが、何よりパッケージがかわいい。女性へのおみやげに最適です。（茨城県／34歳／主婦）

「スウィート・サレンダー」は外観も必見！　ガムのガチャガチャ・マシンで遊ぶミニオンたちがいるんです。超かわいい〜！（静岡県／25歳／となりのキルスティン）

ミニオン・パーク情報

バナナ・カバナ

場所
エリアに入って奥に進み、噴水突き当りを左に曲がってすぐ。

5投 1200円

狙いを定めて バナナを飛ばせ！

クルーの合図に合わせて、ハンマーで思いっきりボタンを叩いて、おもちゃのバナナを飛ばして遊ぶゲーム。ココナッツの器にうまくバナナが入ると景品がもらえる。チャンスは5回。

見事にバナナを入れて ぬいぐるみをゲット！

挑戦してみたら、単純なのに結構難しい！ でも最後の最後に成功して、ミニオンのぬいぐるみをもらえました。（京都府／20歳／トチアズ）

ココナッツの器は 低めのものを狙うべし！

ココナッツの器は何個もあって、それがぐるぐる回転しています。背の高さも違うのですが、低いのが入りやすいみたい。（東京都／33歳／トクエモン）

スペース・キラー

場所
エリアに入って奥に進み、噴水突き当りを左に曲がってすぐ。

4回 1200円

映画にも登場する 射的ゲーム

映画『怪盗グルーの月泥棒』の遊園地のシーンで登場するゲームを再現。バズーカを発射して、ピラミッド状に積んだ6つの缶を一度に全部落とすと景品がもらえる。チャンスは4回。

映画そのままの 外観に感激しまくり！

ゲームの内容こそ違えど、見た目は映画で見たのとそっくり！ グルーになったつもりで挑戦したけどあえなく撃沈…。（奈良県／37歳／ポルシャ）

実はかなりムズイ！ 成功の秘訣は…？

シンプルなのに相当難しいこのゲーム。1段目の上の部分、中央より少し右か左にズレたとこを狙うのがコツなのだとか。（大阪府／19歳／マカベン）

ハミ出し情報 ゲームでは、プレイする席は自分で選べないよ。でも、どの席が成功しやすいとかはないと思うけどね。私は両方成功したぜ！（東京都／37歳／ヒロミッポ大納言）

ユニバーサル・クールジャパン

1月～6月

日本のエンタメを USJアトラクションで 堪能できる!

イベントDATA

別売り入場チケット	×
限定アトラクション	○

「ファイナルファンタジー」、「モンスターハンター」、「名探偵コナン」など、日本が誇るエンタテインメントを発信するイベントで、関連した特別アトラクションが開催される。特別にチケットは必要ないが、対応したEパスが限定で発売される。すべて体験したい人は、入手した方が確実かも。

注目ポイント

★人気アニメやゲーム、アーティストとのコラボ
★限定のコラボグッズも登場する可能性大！

ワンピース・プレミア・サマー

7月～9月

大人気マンガの 世界観を再現した 壮大な水上ショー

イベントDATA

別売り入場チケット	○
限定アトラクション	○

メインイベントは「ウォーターワールド」の舞台を使って行われるスペシャルショー。鑑賞には専用のチケット購入が必要で、パークも一緒に楽しむ場合はスタジオ・パスも必要なので要注意。そのほか、完全予約制レストラン「サンジの海賊レストラン」もオープンする。

注目ポイント

★ショー鑑賞はプレミア必至の専用チケットの入手が必要
★ワンピース×USJのコラボグッズも登場する可能性大

USJでは1年に何度かイベントが開催される。
そのなかから、鑑賞系のものを紹介しよう。

クリスマス
11月〜1月

**高さ30m級の
クリスマスツリーは
必見の価値アリ!**

イベント DATA

別売り入場チケット	×
限定アトラクション	○

電飾数の多さでギネス記録を毎年更新中
のクリスマスツリー。2017年は完全一新
し、高さ30mの巨大ツリーが登場! さら
にプロジェクションマッピングによるショー
が行われ人気を博している。パーク全体
がロマンチックムードにあふれるなか、夜
はクリスマス限定メニューでお祝いを。

注目ポイント

★巨大ツリーとプロジェクション
　マッピングのショー
★パーク全体がクリスマス仕様に
★限定料理やグッズが登場

カウントダウン
12月31日〜元日

**年越しをUSJで!
スペシャルライヴや
花火で大盛り上がり**

イベント DATA

別売り入場チケット	○
限定アトラクション	○

大みそかの夕方から元旦にかけて行われ
る。専用のチケットが必要で、元日の
21時までアトラクションに乗りまくれ
る。カウントダウン時の盛大な花火が最
大の見どころで、有名アーティストを招
いたスペシャルライヴなども複数ステー
ジで実施。恋人と思い出に残る年越しを。

注目ポイント

★チケットはかなりのプレミア
★豪華アーティストも
　登場するかも?
★クライマックスの花火に興奮

オープニングセレモニー
3月31日

イベントDATA

別売り入場チケット	×
限定アトラクション	×

USJのオープン記念日であるこの日は、開園時にクルーやキャラクターがズラリと並んでお出迎えしてくれる。年度によって特別なショーが行われたり、新アトラクションのオープンが行われたりすることも。どうせこの辺りの時期に行くなら、この日に設定し、お祝いに参加しよう。

USJの誕生日 3月31日を みんなでお祝い

注目ポイント

- ★ スペシャルグリーティング
- ★ レアキャラの写真も撮れる 絶好のチャンス
- ★ 記念グッズ登場の可能性アリ

イースター
3月〜6月

イベントDATA

別売り入場チケット	×
限定アトラクション	×

子ども向けのイベントで、子連れのママ友同士で参加すると楽しいかも。シールブックとバッグのセット「イースター・エッグハント・セット」を購入すると、パーク内のビッグエッグに手を入れて、かわいいたまごを手に入れられる。イースター仕様のキャラクターたちも要チェック。

ママ友同士で参加したい 今後の展開も楽しみな 子ども向けイベント

注目ポイント

- ★ エッグハントをメインとした 特別イベントに参加
- ★ イースター仕様の装飾や キャラクターの衣装もかわいい

仮装を楽しめるハロウィンや水遊びできる夏のイベント
グループや家族でワイワイ参加できるイベントを紹介！

ウォーター・サプライズ・イベント

7月〜9月

キャラたちと水鉄砲の打ち合いで全身ビジョ濡れに！

イベント DATA

別売り入場チケット	×
限定アトラクション	○

専用のウォーター・シューター（水鉄砲）を購入して、キャラクターやクルーと水のかけあい！　近年はパレード形式で、キャラやクルーたちと水合戦ができる。ゲストに向かってかけられる水の量は年々増えているというウワサ。夏といえどもタオルや着替えは忘れずに！

注目ポイント

- ★専用のウォーター・シューターを購入して参加
- ★キャラクターやクルーと楽しく水のかけ合いができる

ハロウィーン

9月〜11月

ゾンビが徘徊し恐怖のアトラクションが待ち受ける！

イベント DATA

別売り入場チケット	×
限定アトラクション	○

今や大人気のイベント。お化け屋敷的な特別アトラクションの開催や、一般客も参加してのゾンビの大行進、普段のアトラクションがホラー仕様になるなど、毎年趣向を凝らして楽しませてくれる。一部の限定アトラクションでは、別売りチケットが必要な場合もあるので注意。

注目ポイント

- ★一般客も仮装して参加できるダンスイベント「ゾンビ・モブ」
- ★ホラー系の身の毛もよだつ限定アトラクションが登場

1日でUSJの定番体験ができるコース

「これぞUSJ」という定番アトラクションやショーを存分に楽しめて
パークの魅力や全体像をバッチリつかめる、初心者向けコースを紹介！

※コースの時間設定はあくまで目安です。混雑状況やアトラクションの運行状況などにより、
必ずしも同じようにコースを回れるとは限りませんのでご了承ください。

USJとっておき攻略術

9：05

急ぎめ！

"ハリポタ"・エリアの15時台入場整理券※1をゲット

セントラルパークに駆け込もう！

ゲートが開くと同時にセントラルパークまで走って"ハリポタ"・エリアの入場整理券を発券しましょう。そして予約時間まで計画的に他のアトラクションに乗るといいよ。（愛知県／22歳／若殿）

※1　混雑状況により発券しない場合あり

9：20

普通に移動

アメージング・アドベンチャー・オブ・スパイダーマン・ザ・ライド 4K 3D

人気アトラクションは午前中に！

午前中、特に朝イチは比較的アトラクションは空いている。「スパイダーマン」とか、行列必至のやつは、この時間帯に体験しておくといいかも。昼過ぎはかなり混む！（石川県／31歳／猿女房）

10：00

急ぎめ！

ジュラシック・パーク・ザ・ライド

USJならではの水濡れ体験は欠かせない

水濡れはUSJのお約束！　やっぱりスプラッシュ・ダウンで豪快に濡れる「ジュラシック〜」は、話のタネにも一度は体験しておくべき。日中の方が気持ちイイよ！（大阪府／17歳／みよこ）

11：00

普通に移動

パークサイド・グリルでステーキランチ

昼食は12時〜13時を避けるのが鉄則

12時〜13時のレストランは混雑してテーブルを探すのもひと苦労。少しずらしましょう。レストラン優先案内サービスで事前予約しておけば、ランチもスムーズに。（京都府／30歳／キンポー君）

13：00

普通に移動

ハリウッド・ドリーム・ザ・ライド

まずは"前向き"を体験しておこう

いきなり「バックドロップ」を体験するのも悪くないけど、まずは前向きでBGMやマイナスGなど、このジェットコースター本来の魅力を確認してみるのがオススメ。（滋賀県／23歳／どんと）

14：00

急ぎめ！

ウォーターワールド

USJを代表するショーアトラクション

USJには乗り物以外にショー系もいくつかありますが、特にこのショーは必見です。凝った舞台装置や大迫力の水上アクションには老若男女問わず興奮するはず！（千葉県／24歳／あさちゃん）

15：00

普通に
移動

ハリー・ポッター・アンド・ザ・フォービドゥン・ジャーニー

ついに "ハリポタ"・エリアを体験！

USJに行くのなら "ハリポタ"・エリアは外せない！　アトラクションはもちろん、バタービールやショッピングなども、エリアにいる間に存分に楽しむべし！（神奈川県／25歳／もんちゃん）

18：00

ゆっくり

ジョーズ

夕方の風景はムード満点で楽しい

ジョーズは、日中、夕方、夜とそれぞれに違った雰囲気で楽しめるけど、夕方は特にオススメ。夕日に染まる漁村の風景が、どこか緊張感を高めてくれるんだよね～。（埼玉県／20歳／カツオ）

19：30

ミニオン・ハチャメチャ・ライド

ラストはカワイイミニオンにキマリ

やっぱり外せないのがミニオン・パークだよね。中でもビークルに乗ってハチャメチャな冒険をするこのアトラクションは最高でした！（京都府／19歳／目玉まん丸）

【コースを楽しむための3つのポイント】

ポイント 1
ショー系は
スケジュールを確認

「ウォーターワールド」などのショーは上演時間が決まっている。どの回で見るかを決めて、それをもとにスケジューリングすると良い。

ポイント 2
レストランは
混雑時を避ける！

ランチは12時～13時は避けるのが鉄則。落ち着いて食事しなくてもOKなら、フードカートの軽食で、ベンチor食べ歩きで済ますのもアリ。

ポイント 3
ハリポタを
体験するorしない？

混雑日は入場整理券が必要な "ハリポタ"・エリア。2日続けて行くなら、1日は "ハリポタ" に行かずにメイン・エリアに徹するのもアリだ。

Eパスを買わずに
混雑回避コース

夏休みシーズンなどは、大混雑間違いナシのUSJ。
Eパスを買わずしてなるべく混雑を回避できそうな回り方の例を紹介するよ。

※コースの時間設定はあくまで目安です。混雑状況やアトラクションの運行状況などにより、
必ずしも同じようにコースを回れるとは限りませんのでご了承ください。

9：05

急ぎめ！

"ハリポタ"・エリアの14時台入場整理券[※1]をゲット

まずは"ハリポタ"入場を確実に

"ハリポタ"・エリアはいつ行っても混雑しているけど、まずは入れ
なきゃ始まらない！ 朝イチで整理券をゲットしておけばその後も
安心して過ごせるよ。(栃木県／18歳／USJ大好き男)

※1 混雑状況により発券しない場合あり

9：20

**普通に
移動**

ハリウッド・ドリーム・ザ・ライド～バックドロップ～

朝イチの空いている時間を狙え！

メイン・エリアでは特に行列しがちなアトラクションだけど、朝イ
チで駆け込めば意外と待たずに乗れる。ハリポタの整理券発券や
ロッカーへの荷物入れは迅速に！(滋賀県／28歳／ゴルゴ)

10：30

急ぎめ！

エルモのゴーゴー・スケートボードのよやくのりゲット

ワンダーランドだけの便利なシステム

ユニバーサル・ワンダーランドのいくつかのアトラクションは、利
用時間を指定した予約券を発券できます。発券機は大体乗り場の近
くにあるので探してね。(埼玉県／23歳／うっちゃん)

10：40

**普通に
移動**

ジョーズ

定番ながらも比較的乗りやすい

超定番アトラクションだけど、ハリポタや他の派手なアトラクショ
ンに人が押しかけて、意外と空いていることも…。大人数が乗船で
きるから回転も速いしね。(大阪府／24歳／ガッキー好き)

11：30

**普通に
移動**

フィネガンズ・バー＆グリルでランチ

レストラン優先案内サービスを活用！

事前に予約しておけば優先的に案内してもらえるレストラン。普通
に並ぶより待ち時間を短縮できる。お昼にガッツリ食べてエネル
ギーを溜め込んでおこう。(大阪府／17歳／奈緒)

USJとっておき攻略術

13：00

急ぎめ！

ジュラシック・パーク・ザ・ライド（シングルライダー活用）

シングルライダーを賢く利用しよう

ポツンと空いた席に1人ずつ搭乗できるシステムを利用すれば、普通に並ぶより待ち時間削減に。食後は眠くなるけど、恐竜たちの迫力で目も覚める！（広島県／17歳／JK）

14：00

普通に
移動

ハリー・ポッター・アンド・ザ・フォービドゥン・ジャーニー 完全版

待ち時間150分以内なら即インしよう

Eパスがない限り、ハリポタのアトラクションは行列必至。「ジャーニー」は入るタイミングが難しいけど、待ち時間150分以内なら迷わず入るべきだね。（大阪府／19歳／USJは20回超え）

17：30

普通に
移動

エルモのゴーゴー・スケートボード（よやくのり活用）

子ども向けながらなかなかのスリル！

ユニバーサル・ワンダーランドは子ども向けだけど、USJの気合が詰まった見ごたえあるエリア。なかでもこのアトラクションは、結構スリルがあって楽しめます。（大阪府／30歳／トランポリン）

19：40

アメージング・アドベンチャー・オブ・スパイダーマン・ザ・ライド 4K3D

新パレードが始まる時間を狙おう

パレードが始まる時間帯は、アトラクションが空くチャンス。ここで人気アトラクションに駆け込むと良いですよ。ただ、あまり遅いとクローズしちゃうので要注意。（岡山県／30歳／ナスマキー）

【コースを楽しむための3つのポイント】

ポイント 1
朝イチと夜を
うまく活用せよ！

まだ来園者の少ない朝イチ、パレードと被る閉園間近の時間帯は、アトラクションも空きがち。その時間帯にアトラクションへ駆け込もう。

ポイント 2
無料の予約サービス
「よやくのり」を活用

ユニバーサル・ワンダーランドのアトラクションは「よやくのり」をうまく活用して行列を回避しよう。対象アトラクションは5つある。

ポイント 3
行列回避ワザ
シングルライダー

グループで、バラバラに乗ってもOKならシングルライダーを活用する手もある。専用通路を通るので、行列の待ち時間をかなり削減可能だ。

Eパス「7」をガンガン活用コース

Eパスの「7」をガンガン活用してとにかく乗りまくる贅沢プラン。
USJの人気アトラクションを1日で堪能しつしちゃおう!

※コースの時間設定はあくまで目安です。混雑状況やアトラクションの運行状況などにより、
必ずしも同じようにコースを回れるとは限りませんのでご了承ください。

9:00

急ぎめ!

ジュラシック・パーク・ザ・ライド

Eパスは"使わない"で乗ること!

Eパスは「A、B、Cのアトラクションのうち1つを選ぶ」などの制約があるから大事に使いたい。朝イチなど空いている時間は使わずキープしておくと良いよ。(広島県/23歳/ガツオくん)

10:30

普通に移動

ザ・フライング・ダイナソー

人気アトラクションもスイスイ!

2016年登場以来、行列必至のアトラクション。こういう時にこそ、Eパスが威力を発揮してくれるよね。専用の通路を通って乗り場まで行けちゃうからホント快感!(栃木県/29歳/ばみゅばみゅ)

12:00

普通に移動

ディスカバリー・レストランでランチ

食事はしっかり取っておこう

Eパスがあるとアトラクションにじゃんじゃん乗りまくれる反面、結構疲れるのも事実。食事の時など、休憩はしっかり取っておいた方が後々のためにも良いよ。(岩手県/21歳/おてんちゃん)

12:30

普通に移動

ハリー・ポッター・アンド・ザ・フォービドゥン・ジャーニー

購入時の指定された時間に入場しよう

Eパス購入時に指定された時間帯に合わせて"ハリポタ"・エリアに行こう。それ以外の時間帯ではフリー入場時以外は入れないから、計画を立てる時は注意してね。(鳥取県/33歳/ゴーリキー)

13:30

急ぎめ!

フライト・オブ・ザ・ヒッポグリフ

ここでもEパスが威力を発揮!

このアトラクションは屋根もないところで待つので、天気の悪い日や炎天下は行列がキツい! その点、Eパスがあればスイスイ乗れるから助かります。(山口県/30歳/バッテリーはビンビン)

14：30

普通に
移動

ミニオン・ハチャメチャ・ライド

指定された時間に遅れないように！

旬のアトラクションを行列のストレスなく乗れるのはありがたい！
ただし時間指定のアトラクションなので、遅刻すると乗れなくなる。
余裕を持って移動しよう。（香川県／30歳／女と男の観覧車）

16：00

急ぎめ！

ターミネーター 2:3-D

ショー系でも効力を発揮するEパス

ショー系アトラクションって、上演中は行列も動かないから、結構
イライラするんですよね～。Eパスがあればスムーズに入場できる
ので助かります。（北海道／31歳／ちぇるしーカメラマン）

17：00

普通に
移動

ハリウッド・ドリーム・ザ・ライド

「バックドラフト」かコレのどちらか

現在、Eパスブックレットの7では、「ハリウッド～」か「バック
ドラフト」のどちらかを選ぶ形。前者の方が混雑しがちだから、E
パスの恩恵は大きいよね。（佐賀県／21歳／ロキノーン）

18：00

アメージング・アドベンチャー・オブ・スパイダーマン・ザ・ライド 4K3D

屋内ライドだから夜でも変化なし

「スパイダーマン」は完全屋内だから、昼でも夜でも特に雰囲気は
変わらない。どうせEパスで楽に入れるのなら、夜にとっておいて
もいいかもね。（秋田県／31歳／曇りガラスの向こう）

**U
S
J
と
っ
て
お
き
攻
略
術**

【コースを楽しむための3つのポイント】

ポイント

1

Eパスでも
並ぶ時はある！

大混雑時は、Eパスでも
そこそこ並ぶこともあ
る。普通に並ぶよりは待
ち時間は少ないものの、
その点は心に留めて、計
画を立てよう。

ポイント

2

自分のチョイスを
決めておこう

Eパスはいろいろ条件が
あって、複数のアトラク
ションのうちのどれか1
つを選ぶ、ということも
発生する。どれに使うか
事前に考えよう。

ポイント

3

ここぞ！という
タイミングで使う

凄く空いている時などは、
あえて使わないでおくの
もアリ。後でもう1回
乗る時に使おう。ただし
1日で必ず使いきらない
と無駄になるぞ。

カップルの愛も深まる!? ラブラブコース

カップルで絶叫アトラクションに乗ったり、ロマンチックな景色を見ながら散歩したり…。愛も深まる、USJデートにおすすめのコースがこちら！

※コースの時間設定はあくまで目安です。混雑状況やアトラクションの運行状況などにより、必ずしも同じようにコースを回れるとは限りませんのでご了承ください。

9：05

普通に移動

ハリー・ポッター・アンド・ザ・フォービドゥン・ジャーニー 完全版

朝イチのフリー入場時間帯を狙う！

オープン直後は、"ハリポタ"・エリアにフリーで入れる可能性が高いです。彼女のお目当てがハリポタだったので、真っ先に突入してアトラクションに並びました。（兵庫県／19歳／南の国から）

11：00

急ぎめ！

セサミストリート 4-D ムービーマジック※1

メルヘンな雰囲気でラブラブに！

「セサミ」や「シュレック」はメルヘンムードたっぷりながらも、大人でも十分楽しめます。「セサミ」を観終った後は、ショップでカレにセサミグッズをおねだりしたよ。（大阪府／18歳／リリ）

12：00

普通に移動

スペース・ファンタジー・ザ・ライド※1

ふたりで一緒にボタンを押して！

ふたり並んでグルグル回るから、かーなりテンション上がります！最後に太陽についたらボタンを押すんだけど、一緒にミッションをクリアする感じがいいですね。（熊本県／21歳／ぴゅあー）

13：00

急ぎめ！

アズーラ・ディ・カプリでランチ

優先室内の利用でスムーズに食事！

ここは時間指定の優先案内を事前に申し込めるから、ぜひ予約しておきましょう。青の洞窟をイメージしたという、おしゃれなムードも最高です。（鹿児島県／21歳／ロックンロール針切男）

14：00

普通に移動

ミニオン・パークを散歩

かわいいミニオンをふたりで探せ！

エリアのあちこちにミニオンがいるので、ふたりで探して、記念撮影するのもイイです。アトラクションに乗らなくても十分楽しめますよ。（岡山県／24歳／蛸頭イカ次郎）

※1 2018年6月24日までユニバーサル・クールジャパンを実施

15：30

急ぎめ！

ジュラシック・パーク・ザ・ライド

ふたりで水濡れ体験して盛り上がる！

最後のスプラッシュ・ダウンでは、ふたりともズブ濡れになって大盛り上がり！　ライド中の写真も買っちゃいました。いいデートの記念になったよ～！（兵庫県／28歳／うっちーもっちー）

16：30

普通に移動

ジョーズ

ロマンティック＆スリリングなクルーズ

ふだんはおとなしい彼女も、ジョーズが現れる度にキャーキャー騒いで、すごく面白かった！　ガスタンクが爆発した時は、僕に抱きついてきて、照れちゃったなぁ。（愛知県／23歳／ビール好き）

17：30

普通に移動

サンフランシスコ・エリアを散歩

夜になるにつれ一層ロマンティックに

夕方～夜のサンフランシスコ・エリアは、ライトアップがとってもロマンチック。特にラグーン沿いのデッキ部分は、恋人とまったり散歩するのにオススメです。（京都府／24歳／ユキエッコ）

18：00

パークサイド・グリルでディナー

本格ステーキハウスで贅沢にシメ

ガラス張りの大きな窓があり、デートにも最適な空間です。料理も◎、スタッフのサービスも◎で満足度高。営業時間を前もって確認しておくと失敗なし。（愛媛県／27歳／熊男）

【コースを楽しむための3つのポイント】

ポイント **1**

街並みや食事を楽しむ余裕を！

アトラクションだけではなく、エリアの風景を楽しんだり、ゆっくり食事したりする余裕を。あまり急ぐと疲れてテンションが下がってしまうかも。

ポイント **2**

行列待ちもそれはそれでアリ？

普通、アトラクションの長い待ち時間は退屈だけど、付き合い初めなどは、逆にゆっくり話せるチャンスかも。その点も心に留めておこう。

ポイント **3**

夜のライトアップも盛り上がる！

それぞれのエリアが、凝ったライトアップをしているので、夜の散歩をおすすめしたい。ふたりで外国旅行をしているような気分になれる。

USJとっておき攻略術

仲間と**ワイワイ騒げる**パーティーコース

友達グループで、ワイワイ騒いで楽しみながら USJ を堪能できる
おすすめのコースを紹介！ これで友情もさらに深まる!?

※コースの時間設定はあくまで目安です。混雑状況やアトラクションの運行状況などにより、
必ずしも同じようにコースを回れるとは限りませんのでご了承ください。

9：05

急ぎめ！

"ハリポタ"・エリアの入場整理券[※1] をゲットする

グループの代表 1 名に任せよう

発券は、グループの代表者 1 名が行うきまり。人数分のスタジオ・
パスを預かって発券しましょう。他の人は「メルズ・ドライブイン」
前などで待つと近くて便利かも。（群馬県／ 27 歳／同窓会）

※1 混雑状況により発券しない場合あり

9：30

普通に移動

ハリウッド・ドリーム・ザ・ライド

シングルライダーでバラバラに乗る

シングルライダーで乗れば、待ち時間を短縮できる！ 乗り場の直
前までは一緒だし、運が良ければ縦並びで同じ車両に乗車できるか
もしれないから寂しくないよ。（大阪府／ 17 歳／塩対応）

10：30

急ぎめ！

バックドラフト

炎の凄まじい威力に大盛り上がり！

あちこちで荒れ狂う炎が凄い！ 友達と「あれ見て～！」なんて言
い合いながら鑑賞するのはとても楽しいです。ただし前半の部屋で
は静かにするのがマナー。（山梨県／ 19 歳／えっちゃん）

11：30

急ぎめ！

フィネガンズ・バー＆グリルでランチ

オニオンブロッサムをシェア

ここはお酒もあるし、「オニオンブロッサム」みたいな、みんなでシェ
アできる料理があるのもいいです。古いスポーツグッズが飾られた
内装も面白いしね。（宮城県／ 23 歳／マックリ）

12：30

普通に移動

ザ・フライング・ダイナソー

お昼の食事時を狙う？

大行列アトラクションだけど、お昼のランチ時は、平日なら気持ち
空いてる…かな（笑）？ でも仲間と一緒に大空へ吊るし上げられ
るのはメチャ楽しいです！（大阪府／ 16 歳／マックイーンズ）

15：30

| 普通に 移動

ハリー・ポッター・アンド・ザ・フォービドゥン・ジャーニー 完全版

コスプレして乗るのもオススメ！

学校の友達と一緒に、ハリポタのコスプレをして体験しました！ まあ、杖やマフラーは預けなきゃだけど、仲間と一緒だからこそできることだよね〜。（大阪府／17歳／バスケ命なアイコ）

17：30

| 普通に 移動

ミニオン・パークで遊びまくり！

ショッピングや食べ歩きも楽しい

このエリアは、特に女子グループだと最高に盛り上がります！ 記念撮影したり、グッズをみんなで選んだり、スウィーツを食べたり、楽しみがいっぱい！（京都府／16歳／純奈ちゃんのファン）

18：00

| 急ぎめ！

アメージング・アドベンチャー・オブ・スパイダーマン・ザ・ライド 4K3D

記念にライド中の写真を購入！

このアトラクションでは、ライド中の写真を買えます。みんなのマヌケな絶叫顔が映った写真は、グループでの思い出の品としては最適ですよ！（和歌山県／30歳／グータラズのピッチャー）

19：00

スペース・ファンタジー・ザ・ライド※1

4人組のグループには最適！

ライドは4人乗りでグルグル回るので、4人グループには最適。体重差によって回転スピードなどが微妙に変化するらしいから、太っちょがいると楽しいかも（笑）？（東京都／30歳／三太夫）

※1　2018年6月24日までユニバーサル・クールジャパンを実施

【コースを楽しむための3つのポイント】

ポイント
1
ライドの人数を 確認しておこう

ライド系は何人乗りの乗り物かを確認して、どうやって分かれるかなどを事前に決めておこう。いざ乗る直前にモメる心配もなくなる。

ポイント
2
移動はゆっくりに なりがちなので注意

大勢でワイワイ話しながらの移動だと、想像以上に時間がかかりがち。それはそれで楽しいけど、急がなきゃならない時はしっかり急ごう。

ポイント
3
レストランは 大きめのお店で

レストランは、なるべく大きめのお店を狙おう。大勢で一緒に食事しやすいだけでなく、少々ワイワイ騒いでも気兼ねしないで過ごせる。

USJ通に聞く

遊び疲れたらココで休もう

パーク内の
おすすめ休憩場所ベスト

5

遊び過ぎたから、ちょっと休憩したい…。
そんな時のために知っておきたい
USJのリピーターがいちおしする
パーク内のおすすめ休憩スポット！

USJとっておき攻略術

1 バラに心癒される セントラルパーク

> 好きな有名人の
> バラを探すのも
> 楽しい！

DATA

エリア	ニューヨーク・エリア
場　所	「パークサイド・グリル」裏

水と緑に囲まれた 静かに休めるスポット

緑に囲まれた静かな雰囲気で、ベンチもたくさんある。「ローズ・オブ・フェイム」という名のもと、スターの名前がついたバラを集めていて、それを眺めてのんびりするのも心休まる。ただし朝方はハリポタの入場整理券を発券する人で混み合うかも。

口コミ

まったりしたい時に 最適のスポット

彼女とふたり、ベンチに座ってラグーンを眺めて15分ほど休憩。周囲の緑やバラに心なごむんだよね〜。（佐賀県／24歳／英二）

Roses of Fame

バラの見頃は5月中旬〜6月中旬、10月中旬〜11月初旬

2 南国っぽい雰囲気の 「ディスカバリー・レストラン」前

DATA	
エリア	： ジュラシック・パーク
場　所	： 「ディスカバリー・レストラン」前

さわやかリゾート気分にひたって ひと休みできる場所

ヤシの木が植栽され、南国ムード漂う場所。店の前はベンチがたくさん置いてあるので、リゾート気分でのんびり過ごそう。近くにはミストが噴射するスポットもあるらしい。

遠くから叫ぶ声が…

ここで休憩してると、スプラッシュ・ダウンの悲鳴が遠くから聞こえてくる。それも楽しいんだ。（岩手県／28歳／ちい）

3 「ハピネス・カフェ」 周辺のデッキ

DATA	
エリア	： サンフランシスコ・エリア
場　所	： 「ハピネス・カフェ」周辺

日差しには要注意！だけど ラグーンからの風が心地良い

フィッシャーマンズワーフをイメージしたこのデッキは、奥の方までイスやベンチがあって、休みやすい。ただし日差しを遮るのはパラソルぐらいだから注意しよう。

「ワーフカフェ」も利用しよう

「ワーフカフェ」でドリンクやフードを買って休憩しました。ちょうど良いおやつになったよ。（埼玉県／30歳／ドー）

4 吊るされたジョーズの 向かい側周辺

意外と知られていない？ 便利な休憩スポット

アミティ・ビレッジは比較的人の少ないエリアだが、その中でここはベンチがあり、トイレも近いので休憩には最適。通り過ぎる人こそ多いが、休憩する人は意外と少ないようだ。

DATA	
エリア	： アミティ・ビレッジ
場　所	： 「ジョーズ」向かい側

セントラルパークの入口

ここはセントラルパークの入口にもあたるんですね。ついでにパークも散歩したよ。（静岡県／32歳／キミエ）

5 描き割りの ニューヨーク公共図書館

階段部分は広々としていて 自由に座って休憩ができる

エントランスを入ると正面の先に見える、本物さながらの描き割りによるニューヨークの風景。この前のスペースはゆとりがあり、行き止まりなので人も訪れにくいスポットだ。

DATA	
エリア	： ニューヨーク・エリア
場　所	： 「ターミネーター 2:3-D」並び

ついでに記念撮影を！

休憩ついでに、ここで写真を1枚。ホントに NY にいるような写真が撮れちゃいます。（大阪府／28歳／アンディ）

小腹を手軽に満たしてくれる

おすすめの
フードカート ベスト

5

軽食やドリンク、おつまみなどを
パークの路上で販売するフードカート。
外で気軽に食べることができるし、
レストランでは味わえないメニューも多い。

USJとっておき攻略術

1 キュート過ぎる！
「ミニオン・ポップコーンバケツ」

いろんな
エリアで
売ってる！

DATA

エリア	ミニオン・パーク
場　所	ゲート入ってすぐ右側

テーマパークの大定番メニューを
ミニオン型のバケツで！

愛らしいミニオンの姿がそのままバケツに
なっている。ポップコーンの味はキャラメ
ル。ちなみにポップコーンバケツは、同じ
ミニオンでもデザイン違いのものもあり、
ここだけでなくパーク内のあちこちにカー
トが出ている。見つけたらチェックして。

家では観賞用として
大活躍!?

ミニオンのポップコーンバケツは、家
に持ち帰ってフィギュア的に立てて
飾っています。もう見るだけで癒され
る〜。（東京都／40歳／りえこ）

② あのヒーローの顔が！「スパイダーまん〜中華〜」

DATA
エリア：ニューヨーク・エリア
場　所：「アメージング・アドベンチャー・オブ・スパイダーマン」前

**アツアツほかほかのヒーローが
遊んでペコペコなお腹を満たす！**

スパイダーマンの顔をあしらったユニークな中華まん。スパイダーマンの得意技“スパイダーネット”を再現した春雨がポイント。アトラクションを楽しんだ後にぜひ食べたい。

口コミ

忠実な再現度にビックリ！
ホントにあのスパイダーマンの“赤”が再現されていて、目の感じもソックリ！驚きました。（長野県／30歳／ジェフ）

③ アミティ・ビレッジ名物「サメのエジキ」

DATA
エリア：アミティ・ビレッジ
場　所：吊るされたジョーズの前

**ジューシーなソーセージを
ジョーズのごとく豪快にガブリ**

ビッグな骨付きソーセージで、なるほどジョーズが見たらガブっと喰いつきそうなルックスだ。ビールとの相性もバツグンで、ラグーンに面したデッキなどで豪快にいただこう。

口コミ

骨付きソーセージを初体験
骨付きのソーセージって初めてだったけど、持ちやすくて移動しながらの食事にピッタリ（笑）。（愛媛県／19歳／米）

④ お腹が空いたらコレ！「ホットドッグ」

**ガッツリ食べたいけどレストランは
面倒な人にオススメ**

確実にお腹を満たせるのがコレ。混雑したレストランにわざわざ入るのは面倒臭い、あるいは食事時間を短縮したい、という人にオススメ。かなり腹持ちするはずだ。

DATA
エリア：ニューヨーク・エリア
場　所：ニューヨーク・エリア ラグーン沿い

口コミ

ニューヨーク・エリアに似合う
ニューヨーク・エリアの街並みの中で食べると、本当にNYを旅行しているみたい。（香川県／18歳／ボブ）

⑤ 味の種類も豊富な チュリトスいろいろ

**パーク内のあちこちで販売
期間限定の味も登場しているらしい**

普段はメープルやストロベリー、チョコレートなど定番の味があるようだが、時期によって、チョコバナナやチョコ＆クッキーなどいろいろな味が登場している模様だ。

DATA
エリア：ニューヨーク・エリア
場　所：「ステージ14」前など

口コミ

ミニオン仕様のチュリトス？
チョコのチュリトスにバナナのソースがかかった、ミニオンを思わせるやつを食べたよ！（大阪府／15歳／D）

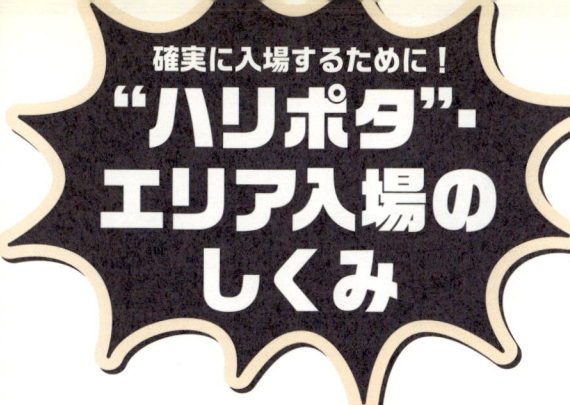

確実に入場するために！
"ハリポタ"・エリア入場のしくみ

混雑時は入場制限がかかる
"ハリポタ"・エリア。
初めての人でも
スムーズに入場できるよう
その入場方法について
ここで詳しく紹介しよう。

エリアへの入場方法

1 整理券いらずのフリー入場
現在、混雑シーズン以外の平日はフリーで入場ができる場合が多い。混雑日もパーク閉園1～2時間前は、フリーで入場できることが多いようだ。

2 入場整理券や抽選券をゲット
混雑時はセントラルパークで入場整理券を発券。枚数に限りあり、発券時間は日により異なっている。整理券が終了すると、抽選券に切り替わる。

3 入場確約券付きEパスを購入
Eパスの中には、"ハリポタ"・エリアのアトラクションが対象のタイプがあり、エリアの入場確約券も付いている。こちらも時間帯の指定があるので要注意。

4 JTBやJR西日本のツアー商品を購入
JTBやJR西日本が扱うUSJのツアーでは、入場確約券が付いているものも。また、JTBでオフィシャルホテルを予約すれば、開園15分前に入れる特典もある。

整理券発券の手順

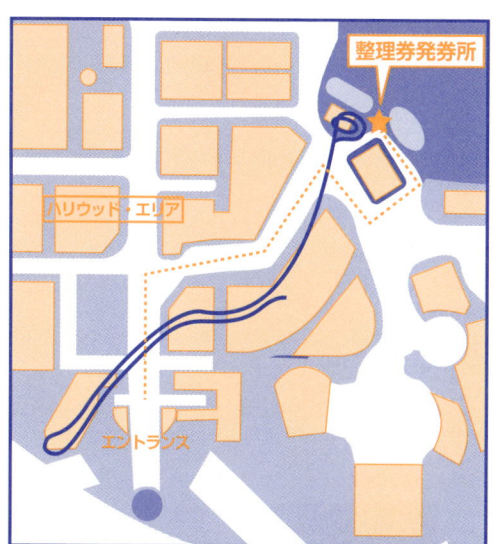

セントラルパークの整理券発券所へGO！発券はグループの代表者1名がまとめて行う。

発券機に全員分のスタジオパスをかざしてOKをタッチ。

空いている希望の時間帯を選んで発券！時間になったらエリアに行こう。

整理券が終了していたら、抽選券をもらっておこう。キャンセル発生時に入場できる可能性がある。

これが エリアの 見どころだ！

ウィザーディング・ワールド・オブ・ハリー・ポッター

"ハリポタ"エリアは アトラクション以外にも 見どころたくさん！ エリア内に点在する チェックしておきたい ポイントを紹介するよ。

ホグズミード村

ホグワーツ特急

原作でハリーたちはこの列車に乗って、キングズ・クロス駅の9と3／4番線から魔法魔術学校に来たり、ホグズミード村に行く。列車に乗っているような写真が撮影でき、車掌に会えたりもする。

ストーン・ゲートウェイ

大きな岩を丸く並べたエントランス広場。よく見ると2つの岩が1つの石を挟んでいる。ここにいるクルーにハリポタエリア入場確約券付きのEパス、もしくは整理券を見せると道を通してくれる。

ふくろうの時計台

ふくろう小屋の屋根のてっぺんに付いた時計台。1時間に4回、毎時、15分、30分、45分にふくろうが出てくる。ふくろうが出る位置は高いので、スマホのズーム機能を使って見てみよう。

フォード・アングリア

現実世界にある、イギリス・フォード社のアングリアという車。映画では、空飛ぶ車として登場。『ハリー・ポッターと秘密の部屋』で、ロンが軟禁中のハリーを助けるために使った。

ハミ出し情報　エリアにいるクルーに話しかけてみよう！　マジメな質問以外なら、ハリポタの世界観を踏まえた、ウィットに富んだ答えが返ってくるかも!?（東京都／40歳／ロンウッド似）

マンドラゴラ

映画でもおなじみの魔法の薬草。主に解毒や呪いを解く際に使われる。引っこ抜くと泣き叫び、その悲鳴を聞いた者は命を落とすと言われる。出窓にある鉢植えにあり、時々叫び声を上げながら動く。

自動書記の羽根ペン

魔法用品がそろうお店「ワイズエーカー魔法用品店」のショーウィンドウ。この中には、自動書記状態の羽ペンがある。結構すばやく動くのでおもしろい。何を書いているのかが見られないのが残念…。

ハリー・ポッター・アンド・ザ・フォービドゥン・ジャーニー

フライト・オブ・ザ・ヒッポグリフ

ロックハートの本

ナルシストで間抜けな教師、ギルデロイ・ロックハートの本が展示してあるショーウィンドウ。本の近くに置いてある額縁のようなディスプレイでは、気取った姿の彼が映像で見られる。

ハミ出し情報

"ハリポタ"エリアは、夕方～夜の方がそれらしい妖しい雰囲気に！ 閉園間近の時間帯ならフリーで入れるかもだから、一度行ってみて。(静岡県／32歳／花笠道中)

"ハリポタ"・エリアを10倍楽しむ方法！

せっかくの"ハリポタ"・エリア、ここは隅の隅まで楽しみたい！
エリアをもっと楽しむためのコツやマニアックな情報を教えよう。

 **1**

ハリポタ・コスプレに挑戦しよう！

＼口コミ／
ローブの中は意外と…
実はローブを羽織っちゃえば、全身が隠れるから、あまり凝らなくても十分雰囲気が出るよ。着替えも楽チンだしね。（大阪府／20歳／さきっぺ）

"ハリポタ"・エリアのコスプレ率はかなり高い。事実、コスプレでエリアを歩けばかなりテンションも上がるはずだ。一番多いのはローブ＋杖＋マフラーのスタイル。初心者は、まずはマフラーだけから始めてもいいだろう。

 2

ホグワーツ特急で記念撮影

入口のホグワーツ特急は、人気の記念撮影スポット。車掌さんと一緒に写真を撮ることもできる。エリアを訪れた記念の1枚に最適だ。また、駅舎内では車窓の風景をCG合成して撮影する、豪華な写真を購入もできる。

＼口コミ／
衣装をレンタルできる
有料フォトサービスでは、撮影時に杖やマフラーを追加料金なしで貸してくれます。かなりそれっぽい写真が撮れますよ！（東京都／24歳／もん）

 3

ホグズミード村の消印で手紙を出す

＼口コミ／
17時までが当日の消印
手紙を出す場合、17時以降だと次の日の消印になっちゃうよ。当日の日付にこだわるなら、17時前に出すようにね！（北海道／38歳／鼻曲ちぇるしい）

「ふくろう便＆ふくろう小屋」からは、手紙を出すことができる。オリジナルのふくろうの消印が押されるから、受け取る人もビックリするはず！　取り扱いは、通常ハガキと定型郵便物のみなので注意しよう。

  **ハミ出し情報** ホグワーツ特急の車掌さんは、何人もが交代で出ています。お腹がでっぷり出たおじさんからイケメンまで…。全員と写真が撮りたいなー。（大阪府／20歳／ブランシェット）

本物のふくろうに遭遇できるチャンス

「ふくろう便＆ふくろう小屋」前には、時折、本物のふくろうが訓練士と一緒に現れる。時間は決まっていないので、会えたらかなりラッキーだ！　ふくろうの撮影は OK だが、当然、フラッシュは厳禁なので注意しよう。

＼ロコミ／
実物はカワい過ぎる！
運良くふくろうに遭遇！　りりしくも愛嬌のある顔といい、カワイイしぐさといい、完全に心奪われて、動画撮りまくっちゃった。（三重県／ 35 歳／テー）

バタービールで "ひげ" を作る！？

＼ロコミ／
ハーマイオニーに憧れて
映画では確かハーマイオニーがひげを作ってたっけ。コスプレしてひげを作って、完全に彼女になりきった状態で写メしました！（青森県／ 20 歳／りさ）

このエリアに来たらぜひ飲みたいのがバタービール。ついでに、映画のシーンでもあったように、ビールの泡で口ひげを付けて写真を撮ろう！　飲む際に、泡の部分に鼻の下を軽く押し付ける感覚で飲むとできやすいとか。

ライド中の写真をゲットしよう

「ハリー・ポッター・アンド・ザ・フォービドゥン・ジャーニー 完全版」では、ライド中のシーンを撮影してくれる。ライド後「フィルチの没収品店」で画面を確認して購入できる。オリジナルの台紙にプリントしてくれるぞ。

＼ロコミ／
一生の思い出になる！
ライドは 4 人掛けだから、写真も 4 人グループでいった私たちだけ！　ビックリ顔が何度見ても笑えて、とても良い記念になりました。（奈良県／ 17 歳／サキ）

イベントに参加すべし！

＼ロコミ／
杖を選んでもらった！
「オリバンダーの店」のイベントで、杖を選んでもらえる栄誉を授かりました！　コスプレして前の方にいたのが良かったのかな？（群馬県／ 23 歳／シン）

お城の見学ツアー「ホグワーツ・キャッスルウォーク」や、「オリバンダーの店」で杖を選んでもらうイベントは、ぜひ参加しよう。アトラクションに比べて地味に思えるが、実際に体験するとその完成度の高さに驚かされる。

"ハリポタ"・エリアのショッピング攻略法

魅力的なハリポタ・グッズが手に入るこのエリアでのお買い物。
その際、知っておくと役立つ、とっておきの情報を教えちゃおう。

「ハニーデュークス」の大行列にご用心

エリア内でも大人気のショップなだけに、1時間以上待つような行列もできる。混雑時は店のディスプレイを楽しむ余裕もなくなるので、なるべく午前中の空いている時間帯を狙おう。

定番グッズはエリアの外にもあり！

ハリウッド・エリアの「ビバリーヒルズ・ギフト」、「ユニバーサル・スタジオ・ストア」では、一部の定番グッズのみだが、ハリポタ関連商品を販売。"ハリポタ"入場前に覗いておこう。

チョコレートを買うなら保冷袋があると安心

「ハニーデュークス」の名物、「蛙チョコレート」。夏場は、買った後にパークをうろうろしていると、溶けてしまうキケンも！ 買う予定のある人は、保冷袋を持参しておくと安心だ。

定番グッズ「杖」を選ぶ基準

「オリバンダーの店」で買える杖は、種類もかなり豊富。基本的には、ハリポタのキャラクターにちなんだものと、オリジナルと2種に分けられる。好きなキャラや材質から選ぶと良い。

比較的空いている「ワイズエーカー魔法洋品店」

基本、大混雑必至のハリポタ関連ショップだが、「ワイズエーカー魔法洋品店」は比較的空いているかも。店内も見ごたえあるので、人混みが苦手な人は、ここで買い物すると良い。

現地調達でコスプレも可能

「ワイズエーカー魔法用品店」などで、マフラーやローブを現地調達してコスプレすることもできる。店員にすぐに身に付けたい旨を伝えよう。ただし売り切れる場合もあるので要注意。

ハミ出し情報 「百味ビーンズ」は、ブルーベリー味やバナナ味、青リンゴ味など、マトモな味もちゃんとある（笑）。でも変な味に当たった方が楽しい！（東京都／27歳／マイオニっ子）

知っておこう！ハリポタの世界観

ハリポタのことを知らなくても、エリアを十分楽しめるのは間違いない。
でも、基本的なことだけでも押さえておけば、数倍楽しくなるはず！

世界中で愛され続ける魔法物語

ハリー・ポッター・シリーズは、イギリスの作家J・K・ローリング作のファンタジー小説。魔法使いの少年、ハリー・ポッターの魔法学校の生活や成長、さらに彼の親の敵でもある、闇の魔法使いヴォルデモートとの戦いの数々を描いている。1997年に第1巻が刊行されると、一躍世界的なベストセラーとなった。2001年からはダニエル・ラドクリフ主演の映画が公開され、こちらも世界中で大ヒット。2007年、最終巻『ハリー・ポッターと死の秘宝』が登場し、映画版も2011年に全8本のシリーズが完結した。

知っておきたいキャラクターたち

ハリー・ポッター

物語の主人公。魔法使いの両親の間に生まれ、11歳の時に魔法魔術学校に入学した。彼の成長物語が作品のテーマだ。

ロン・ウィーズリー

ハリーの親友。魔法界で生まれ育った。赤毛が特徴で、兄弟が多い。繊細で優しい心の持ち主であり、チェスが上手い。

ハーマイオニー・グレンジャー

ハリー、ロンと大の仲良しで、シリーズのヒロイン的な存在。人間の両親の間に生まれた魔女で、学年イチの才女。

アルバス・ダンブルドア

魔法魔術学校の校長。ハリーの師で、偉大な魔法使いとして尊敬を受けている。不死鳥をペットに飼っている。

ヴォルデモート

闇の魔法使いで、ハリーの因縁の敵。赤ん坊のハリーの殺害に失敗して以来、執拗にハリーをつけ狙っている。

シリウス・ブラック

魔法使いの監獄に服役していたが、後に脱獄した。悪者のようだが、実はハリーの父の大親友で、ハリーの後見人。

ルビウス・ハグリッド

魔法魔術学校を退学処分になった、学校の森番。大柄でもじゃもじゃのヒゲが特徴。歳は離れているがハリーと仲良し。

アーガス・フィルチ

魔法魔術学校の管理人。意地が悪く、生徒の物を没収するなど、やたらに罰を与える。ペットは猫のミセス・ノリス。

ハミ出し情報　ハリーが飼っている白いふくろうはヘドウィグという名前。手紙を運んでハリーを助けているの。USJでヘドウィグのペンを買っちゃった。（岡山県／16歳／みしぇる）

"ハリポタ" エリア

ハリー・ポッター・アンド・ザ・フォービドゥン・ジャーニー 完全版

 屋内　 ライド　感動派　キャラ好き　カップル

Map Ⓐ

ハリーと一緒に空飛ぶ大冒険！
超高画質の 3D 映像でリアルな魔法の世界へ

攻略術！

入場

大人気アトラクションなだけに、常に長い行列が…。待ち時間が 2 時間以内ならかなり短い方なので即入るべし！

通路

ライド直前、荷物をコインロッカーに預けるタイミングが。ここでもたもたしているとどんどん先を越されるので要注意。

撮影

乗車中のライドフォト。ハリーの親友の女の子ハーマイオニーが現れて、くるっと回転したところが撮影ポイントだ。

Data

身長制限：**122cm 以上**
定　　員：**4人**
所要時間：**約5分**

待ち時間の目安

平日：**150分**　休日：**250分**

  ハミ出し情報　ライドは身長制限に引っかかってしまう次男。でもお城の中を巡る「ホグワーツ・キャッスルウォーク」は身長制限なし。お城巡りだけでも十分楽しめたようです。（兵庫県／33歳／まあこ）

お楽しみPOINT

通路 ホグワーツ城の中は映画の世界そのまま

ダンブルドア先生が話をしてくれる校長室や、寮の談話室など見どころたくさん！ Eパス用のルートは早く進めるけど、一番見応えがあるのはやっぱり通常ルートですね。（広島県／25歳／のん）

前半 本当に宙に浮いてるみたいな感覚に！

ライド中は足がブラブラした状態で、浮遊感がヤバイ！ シートは4人掛けだから、5人以上のグループなら前もって分かれておくと良さそうです。家族なら親が子どもを挟むといいかも。（東京都／28歳／フナピ）

後半 肉眼でも立体的！想像以上の迫力！

完全版になり、映像クオリティがさらに上がってものすごい臨場感! ゴーグルも不要に。まるで本当にドラゴンや巨大クモたちが迫ってくるようで、映画ファンとしても大満足でした! （佐賀県／22歳／GEN）

映像だけでなくリアルに動く仕掛けもある

トリビア

Eパスは時間指定！グループで一緒に購入を

Eパスは時間指定があるので注意。グループで一緒に買わないと、バラバラに乗ることになります。（三重県／27歳／ルイ）

News!

"完全版"にパワーアップしハンパない臨場感に！

2015年に1回目のリニューアルをし、2018年3月に2回目のリニューアルを実施。"完全版"に進化し、より滑らかで立体的な映像をゴーグルなしで体験可能に。ドラゴンの炎やディメンターの冷気をよりリアルにに体験できるようになった！

ハミ出し情報 ライドの時間は5分と短いけど、映像を見ながら上下左右に激しく動くから結構ハード。乗り物酔いしやすい人や食後すぐの人は気を付けた方がいいかも。（北海道／34歳／こぐま）

"ハリポタ"・エリア

フライト・オブ・ザ・ヒッポグリフ

ライド　のんびり派　キャラ好き　カップル

Map B

ヒッポグリフの背中に乗って空中散歩！ 森の中を颯爽と駆け回るコースター

攻略術！

入場

2名8列のコースターを1台ずつ稼働させるから、回転率は悪め。待ち時間は意外と長くなることを覚悟しておいて。

通路

ライド乗車位置までの通路は、緑豊かな森の小道。畑のカカシや手押し車など、映画そのままの小道具があちこちに！

絶景

レールを登り切ったファーストドロップの手前が、格別の絶景ポイント！ 美しいホグズミード村の風景が眼下に広がる。

Data
身長制限：**122cm 以上**
（付き添い者同伴の場合は 92cm 以上）
定　員：**16名**　所要時間：**約2分**

🕐 **待ち時間の目安**
平日：**80分**
休日：**120分**

ハミ出し情報　森の中からはオオカミの遠吠えが何度も聞こえます。映画の中でハーマイオニーがハリーを助けるためにオオカミの真似をしたシーンを思い出しました。(山梨県／17歳／かっちゃん)

お楽しみPOINT

通路 カボチャ畑やハグリッドの小屋も

森の中にはカボチャ畑やサイドカー付きバイク、そしてハグリッドの小屋が！ 乗車前のプラットホームでは、道具がぎっしり詰まった小屋裏もしっかり見ることができました！（千葉県／26歳／愛）

前半 ヒッポグリフの巣やお城がすぐそこに！

出発する時、左側にヒッポグリフの巣がありました！ そして、コースターがレールを登っていくにつれて、ホグワーツ城がどんどん近づいてきたのも迫力があって良かったですね。（和歌山県／19歳／ワカメ）

後半 子どもも大人も楽しめるコース

他のコースターに比べると上下左右の揺れが少なく、乗車時間も約2分と短いので、子どもでも乗りやすかった。とはいえ結構スリリングだから大人も一緒に楽しめました！（福井県／37歳／よしゆき）

トリビア

待合通路には屋根がないから要注意

真夏は炎天下になるので、帽子や水分補給など、熱中症対策を。冬はカイロがあるといいですね。（三重県／31歳／リコ）

グッズinfo

ナノブロックハグリッドの小屋

森の中にあったハグリットの小屋が、机の上に飾れるかわいいナノブロックに。

ココで買える！ フィルチの没収品店

➡ P57

ハミ出し情報 ハグリットの小屋を少し過ぎたあたりの木の隙間から、大きくてかわいいヒッポグリフの姿が見えます。せっかくなので記念写真を忘れずに！（大阪府／21歳／島P）

魔法体験

ワンド・マジック

**杖を使った魔法体験ができちゃう大人気のイベント。
お気に入りの杖をゲットして、魔法をかけまくろう！**

ホグズミード村の魔法スポットで、ゲスト自身が魔法をかける体験ができるイベント型アトラクション。
専用の杖「マジカル・ワンド」を振ると、炎を立ち上がらせたり、雪を降らせたりと、いろいろな魔法を起こすことができるぞ。参加には専用の杖が必要で、「オリバンダーの店」で、20種類の中から選んで買える。ちなみに杖は正しく振らないと魔法はかからないのだが、これが意外と難しい！　スポットのそばには先生役のクルーがいるので、しっかり振り方を教えてもらおう。

こんな魔法体験ができちゃう！

スポット	内容	具体的な場所	魔法のコツ
ホグワーツ特急のトランク	「システム・アペーリオ（箱よ、開け）」と魔法をかけると、ホグワーツ特急のそばに積んであるトランクが開く。	ホグワーツ特急の機関車の前	アルファベットの「C」と「N」を一筆書きで書くような動き。トランクの少し上を狙ってゆっくりと。
ホグズミード村の壁上の煙突	煙突をめがけて、「インセンディオ（燃えよ）」と魔法をかけると、大きな炎が立ち上がる。	ホグズミード村の壁沿いにある小屋	煙突の根本付近を狙って、左下から三角形を描くような形。スムーズな動きを心がけて。
「ダービッシュ・アンド・バングズ」のオルゴール	「アレスト・モメンタム（動きよ、とまれ）」と魔法をかけると、オルゴールの動きが止まってしまう。	「ダービッシュ＆バングズ」のふくろう小屋に面したショーウィンドウ	オルゴールを狙い、オルゴールの大きさと同じぐらいにアルファベットの「M」を描く。
ハニーデュークス裏の小道	「メテオロジンクス（雪よ、降れ）」と魔法をかけると、ショーウィンドウの中で雪が降りだす。	「ハニーデュークス」の裏路地突き当りのショーウィンドウ	半円を左、右と振るような動き。小さい動きでウィンドウの中のお菓子の瓶を杖の先で狙う。
スピントウィッチズのクアッフルボール	「ウィンガーディアム・レビオーサ（浮遊せよ）」魔法で、クショーウィンドウにあるクアッフルボールが浮く。	「ワイズエーカー魔法用品店」斜め前のショーウィンドウ	「～」の動きから上、下と動かす。狙いを定めて杖は小さめに振るのがコツ。
クィディッチの旗	「ヴェンタス（風よ）」と魔法をかけると、グワーツ魔法魔術学校の学生寮の旗が風にはためく。	「フライト・オブ・ザ・ヒッポグリフ」出口とフェイスペイントのテントの間	黄色い旗を狙って、Vの字のような形に、はっきりと動かすことがポイント。
ホグズミード村の門	「アロホモーラ（開け）」と魔法をかけると、扉の鍵が外れていく。さらにうまくかかるともっと凄い仕掛けがあるというウワサ。	ホグズミード村の壁沿い	右回りで円を描いて、そのまままっすぐ下に向かって直線を引くような動き。
「ダービッシュ＆バングズ」裏路地の大鍋	「アグアメンティ（水よ）」と魔法をかけると、鍋から水が噴き出す。噴き出し方にはいろいろパターンがあるらしい。	「ダービッシュ＆バングズ」裏側ショーウィンドウ横	右上に向かって、ひらがなの「つ」の字を9割ぐらいまで描くようなイメージで動かす。

※魔法の種類・内容は変更する可能性があります。

ハミ出し情報

「オリバンダーの店」の杖は、「ワンド・マジック」で使えるものと使えないものがあるから要注意！
使える方がちょっとお高めだね。（鳥取県／23歳／もんく）

ストリート・エンターテイメント

**野外ステージで行われるショーも見逃せない！
ハリポタならではの世界観で楽しませてくれるぞ。**

ワンド・スタディ

場所：野外ステージ／上演：1日10回程度

一人前の魔法使いになるために、魔法学校の生徒たちが魔法のレッスンをしている様子が楽しめるショー。岩が動くなど、驚きの魔法の数々を目の前で見ることができる。

目の前で繰り広げられるフシギな"魔法の練習"

\口コミ/

次々と起こる魔法にはワクワクしちゃいます。これを見ると杖を買って「ワンド・マジック」に参加したくなりますね！（滋賀県／22歳／コーちゃん）

フロッグ・クワイア

場所：野外ステージ／上演：1日3〜5回程度

歌が上手な各寮の代表者と指揮者が、見事なハーモニーを披露してくれる。伴奏はなんと巨大なカエルたちで、豊かに響くその低音は、美しいけどどこかちょっぴりユーモラス。

カエルの伴奏が楽しいコーラス・ショー

\口コミ/

コーラス部の私はこのショーが大好き。4人のボーカリストたちの歌のクオリティが高くてびっくりしちゃいます。（大阪府／16歳／ミニョン）

トライウィザード・スピリット・ラリー

場所：野外ステージ／上演：1日3〜5回程度

ホグワーツを訪れた、ふたつの魔法学校の試合の様子を再現。男性陣は杖を使ったワイルドなダンスを、女性陣はリボンを使った華麗なダンスをそれぞれ披露してくれる。

アクロバティックでエレガントな男女混成ショー

\口コミ/

ハリポタのストリート・ショーは、エリア中央にあるステージ上で行われるので、混んでてもとても見やすい。どれも1度は見ておくべき！（福岡県／28歳／許して丁髷）

ハミ出し情報 「ワンド・スタディ」は、大体1時間交代で上演されてるみたい。頻繁にやってくれるから、スケジュールは組みやすいよ。（埼玉県／33歳／狂い咲きサンダー小路）

"ハリポタ"・エリア

英国料理

三本の箒

ファミリー　デート

映画の世界にひたりながらイギリスの伝統料理に舌鼓

天井が高く木製の階段などが入り組んでいる

『ハリー・ポッター』の小説や映画に登場した老舗パブ兼宿屋を再現。フィッシュ＆チップスといったイギリスの伝統料理のほか、ハリーたちホグワーツの生徒が劇中で飲んでいたバタービールも頼める。

─ メニュー例 ─

ロティサリー・スモークチキン＆ポークリブ …………………………………	1950 円
シェパーズパイ＆ガーデンサラダ	1750 円
フィッシュ＆チップス …………	1750 円

注目メニュー	グレート・フィースト……7600 円

名物メニューがひと皿に集結！

サラダ、スモークチキン、ポークリブ、皮付きコーン、ローストポテトが盛られた豪快な一品！

仲間とシェアしてパーティ気分！

ボリュームは約4名分で、仲間とのシェアにオススメしたい大皿料理。単品でいろいろ頼むよりお得かも。

Data

キッズメニュー	低アレルゲンメニュー	アルコール	テラス席	シート席	座席	予算
					300席	約2500円

ハミ出し情報　"ハリポタ"・エリアの食事できるレストランはここだけ。混雑が予想されるので、入店待ちの時間が惜しいなら最初から別の店で食べることを考えた方がいいかも。（石川県／42歳／ゆうこ）

ハリポタ・エリア

20代女子
混雑する時間を避ければ のんびりランチできる

ランチタイムに行ったら大混雑でびっくり！ このレストランは優先案内は受け付けていないので、どうしても利用したいなら午前中もしくは14時以降に行くのが無難ですよ。（茨城県／25歳／のん）

30代男子
店内の壁を見ていると ハリポタのキャラが！

店内の壁を注意して見ましょう！ ドビーやフクロウなど、『ハリー・ポッター』のキャラクターのシルエットが浮かんでくる瞬間があるんです。一瞬なのでお見逃しなく！（東京都／34歳／龍一）

オススメ席はココ！

池

入口

レジ　レジ

キッチン

お城に面した テラス席

お堀のそばで景色は抜群。天気が良ければ、水面に映った「逆さホグワーツ」が見られるよ！（京都府／18歳／ハリー・ポッキー）

入口寄り 中央の席

内装にすごいこだわりを感じるお店。広い店内をじっくり眺めたいなら、入口近くの席がおすすめです！（秋田県／40歳／さくら）

ハミ出し情報　ポークリブを手掴みで食べたら手がベトベトに。紙ナプキンなどの提供はないので、ここで骨付き肉を注文するなら、ポケットティッシュを持参した方がいいかも。（東京都／37歳／DAISY）

"ハリポタ"・エリア

ホッグズ・ヘッド・パブ

友人同士　デート

Map ⑧

イノシシの剥製にビックリ！怪しげなムード漂うパブ

店内の様子はまさに古びたパブ！

レストラン「三本の箒」とつながっているパブで、イノシシの剥製といった怪しげな調度品で彩られている。特別醸造のドラフト・ビールをはじめアルコール類が豊富。子どもが飲めるバタービールもある。

メニュー例

ホッグズ・ヘッド・ビール…	800円
かぼちゃジュース(ペットボトル)	800円
ワイン（赤／白）…………	700円
生ビール…………………	750円〜

注目メニュー　バタービール 〜マグカップ付〜 （ノンアルコール）…1100 円

温冷2種類で夏はフローズンも

炭酸が弾ける冷やしたタイプと、炭酸をあまり感じないホットがある。夏はフローズンも登場。

BUTTER BEER

おみやげになるマグカップ付きで

バタービールを入れたマグカップは持ち帰り可能。使い捨てカップのメニュー（600円）もある。

Data

キッズメニュー

低アルゲンメニュー

アルコール

テラス席

シート席

座席

なし

予算

約1000円

ハミ出し情報

ビールが好きなので、この店には必ず立寄ります。「フラーズ・ロンドンプライド」などのツウな銘柄もあるので、酒好きも満足できると思います。（東京都／43歳／やっちゃん）

10代女子
イノシシの剥製に心臓がドキドキ

バーカウンターに大きなイノシシの剥製があるんですが、見ていたら突然動き出したんです。うなり声も聞こえてくるし、初めて行った時は本当にビックリでした！（大分県／16歳／かりな）

30代男子
大人ムードの店内でビールを気軽に楽しめる

のどが渇いた時のちょっとした休憩にいいですよ。パブ形式なので席は少ないですが、その分、気兼ねなくビールだけを注文できるし、大人なムードも気に入っています。（兵庫県／37歳／Shogo）

テイクアウト or スタンディング

HOG'S HEAD PUB

カウンター

ビールタップが並ぶカウンターは、まさにパブ！ 今はカールスバーグなど7種類の生ビールを楽しめますよ。（熊本県／29歳／くま男）

入口横にベンチ

店内にイスはないけど、外の入口脇に座れるところがあります。競争率が高いから、空いていたら即座るべし！（福島県／44歳／アツーシ）

ハミ出し情報 冬はぜひ「ホットバタービール」を頼んでみて。甘くてしょうが効いているので、身体がポカポカになりますよ。でも、出された瞬間は激熱なので注意！（静岡県／27歳／まるも）

ゾンコの「いたずら専門店」

ジョークグッズ

Map A

おもしろグッズがいっぱいのショップ

混雑注意　専門店　雨具あり

ジョークグッズやいたずら道具が、所狭しと並ぶ専門店。どこか怪しげな店内には、原作や映画に出てきたユーモアたっぷりの商品が天井高くまで並んでいる。2015年7月にリニューアル・オープン。

─ おすすめグッズ ─
伸び耳…2400円

耳型のマイクとイヤホンがセットになっていて、離れた場所の音を聞くことができる。

雰囲気
1時間待ちしてでも入りたい人気ショップ

店内で「ハニーデュークス」とつながっていて、入場制限中は入口が1カ所だけ。混雑日は1時間待ちもざらの行列店だけど、どうしても外せないよね。（兵庫県／26歳／ビンゴ）

自分用
キュートな癒し系グッズで会社のデスクを飾る

ピグミーパフのグッズが超キュート！　仕事中の癒しタイムに愛でています。ぬいぐるみも引き出しに忍ばせて、なでなですると疲れを忘れます。（京都府／23歳／フクロウ）

雰囲気
凝ったディスプレイに見ているだけでワクワク

壁面にびっしりと施されたディスプレイは圧巻！　販売商品とディスプレイ用のあやしいグッズが混在していて、いつまでも見あきないおもしろさです。（埼玉県／34歳／ペコ）

キッズ
いたずらグッズは小学生男子におすすめ

ハリポタ好きの甥っ子はいたずら好きの小学生。おみやげに買ったジョークグッズがどんぴしゃで大喜びでした。友だちにも自慢しているんだって。（愛知県／30歳／ショコラ）

ハミ出し情報 デートのときは、彼氏をこの店に連れていっちゃだめだよ。店内に夢中になってしまって、デートそっちのけで楽しんじゃうから。元カレのことですけどね。　（大阪府／20歳／シャネル）

お菓子

ハニーデュークス

Map **B**

魔法界御用達のスイーツショップ

Data 混雑注意  専門店 雨具あり

ピンクとグリーンの外観がかわいい、魔法界のお菓子屋さん。ユニークで楽しいお菓子が並び、おみやげにぴったりの商品も多い。ネットなどで話題の「百味ビーンズ」を買えるお店とあって、混雑することが多い。

──おすすめグッズ──
パーティー・ボッツの百味ビーンズ…1800円
ゼリービーンズが詰めあわされた、シリーズおなじみのお菓子。土味など変な味も入っている。

 **おかし**
箱を開けて驚きのリアルさと大きさ

高級感あふれる箱に入って売られているカエル型のチョコレートは、ずっしり重くて、でかい！彼におみやげで渡したら、大爆笑でした。（鹿児島県／27歳／フェアリーテイル）

 **おみやげ**
キャンパスで大騒ぎに鼻くそ味ってどんな味？

一箱に20種類の味が詰めこまれた「百味ビーンズ」。大学のクラスのみんなへのおみやげに持っていって、食べ比べたんだ。鼻くそ味、マジで危険！（福岡県／19歳／大学芋）

 雰囲気
行列待ちの暇つぶしにディスプレイ鑑賞を

たまに行列ができる人気店だから、入店まではウィンドウディスプレイを楽しもう！基本、かわいいんだけど、中にはドクロも。魔法界っぽいよね。（滋賀県／23歳／美智）

 おかし
「百味ビーンズ」はお得な詰め放題ができる！

「百味ビーンズ」は詰め放題コーナーあり。大袋3000円、小袋で2000円。小袋で箱売りの約3倍の量が入るんだって。これはお得でしょ。（長野県／40歳／セール大好き）

ハミ出し情報 「ゾンコの『いたずら専門店』」と店内でつながっているので、そちらも見るのを忘れないでね。店内は混雑していることが多いから見落としがちだけど、後悔するよ。（広島県／34歳／パフィ）

魔法の杖

オリバンダーの店

Map C

魔法使いの必需品 魔法の杖をゲット！

Data

混雑注意　専門店　雨具あり

シリーズの登場人物たちが持っている魔法の杖のレプリカを扱う専門店。ハリーやロンなどキャラの杖のほか、ケルト神話の誕生月から選べる杖など44種がそろう。お気に入りのキャラの杖をゲットしよう！

おすすめグッズ

ハリー・ポッターの杖（オリジナル・ワンド）4500円

精巧に再現された、ハリー・ポッターの杖。部屋に飾っておきたくなる重厚な造りだ。

雰囲気

映画のシーンそのままの店内にビックリ！

天井まで積み重なる、魔法の杖の箱、箱、箱。映画に出てくるお店そのもので驚きました。これだけあれば、僕にぴったりの杖が見つかりそう。（山形県／13歳／カイト）

自分用

意外なキャラクターの杖が見つかることも

どうせ、主要なキャラの杖しかないんだろうなと思っていたら、脇役までそろっていました。私は、大好きなマクゴナガル先生の杖をチョイス。（富山県／29歳／コロボックル）

おみやげ

誕生日で選べるオリジナルの杖

13種類あるこのお店限定の杖は、暦別に分かれた誕生木でできてます。そこで、彼に誕生日に合わせたオリジナル杖をプレゼント。喜ばれました。（神奈川県／26歳／タイム）

自分用

映画で使われた杖をそのまんま再現

キャラクターモチーフの杖は、どれも映画に登場したものと見た目がそっくりなんだ。眺めているだけで、映画の登場場面が浮かんでくるよ。（香川県／45歳／宝島）

ハミ出し情報　「オリバンダーの店」の横では1日数回、杖選びのイベントをやっていて、参加者のなかで1人だけオリバンダーさんに杖を選んでもらうことができます。（静岡県／22歳／タマちゃん）

ワイズエーカー魔法用品店

生活雑貨

Map **D**

ホグワーツグッズがそろうショップ

Data

混雑注意 / 専門店 / 雨具あり

ホグワーツのローブやネクタイなどの衣類と、ペンや手帳、マグネットなどの文房具を売っている雑貨屋さん。ここに来れば、ホグワーツの生徒なりきりグッズをそろえることができる。街の一番奥にある。

― おすすめグッズ ―

紋章入り消しゴムセット…800円

それぞれ紋章が違う、5つの消しゴムが入っている。子ども向けのおみやげにぴったりだ。

自分用

おしゃれな封蝋でお手紙をセンスよく

赤、青、黄色などのカラフルなカラーがおしゃれな、シールタイプの封蝋は必ず購入します。手軽に封書をセンスアップできるので、重宝しますよ。(山口県／29歳／トマトサラダ)

配り物

文房具はばらばらに分けて子ども向けに

付箋や鉛筆、メモ帳など、文房具が充実のショップ。私は小分けにして、子どもの友だち用の配り物に使っています。役に立つし、評判は抜群！(石川県／40歳・スイカ)

自分用

ホグワーツの一員になるコスプレを楽しもう！

ホグワーツのアイテムが勢ぞろい。ローブにマフラー、ネクタイとそろえれば、ホグワーツの一員になりきれます。でも、いいお値段なんだよね。(奈良県／22歳／コロン)

雰囲気

ショーウィンドウにも魔法グッズが並んでいる

ブルーの扉と格子窓が印象的。ショーウィンドウには、魔法界のお店らしい不思議な望遠鏡や虫眼鏡が並んでいます。でも、原作にはないお店なんだって。(奈良県／24歳／美紀)

ハミ出し情報
隣の「オリバンダーの店」とつながっています。あちらは杖選びのイベント後の人がいるから大混雑。こっちからまわった方が入りやすいかも。(秋田県／18歳／ちびた)

ステーショナリー

ふくろう便 & ふくろう小屋

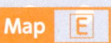
Map E

キュートなふくろうが迎えてくれる店

Data
 混雑注意  専門店 雨具あり

「ふくろう便」は、切手などのレターグッズやステーショナリーなどが豊富にそろう店。店に入ると、動くふくろう人形たちが出迎えてくれる。隣の「ふくろう小屋」には休憩所があり、ベンチが置いてある。

おすすめグッズ

ポストカード&切手セット…750円

カワイイふくろうがプリントされた切手とポストカードのセット。使うのがもったいない!?

おみやげ

思い出作りにひと役 ふくろう便のポスト

店の外にあるポストに投函すると、「ホグズミード」の消印を押して配達してくれますよ。思い出になるので、自分宛に送って大切に残しています。（愛媛県／22歳／ファンタジー）

雰囲気

ふくろう小屋に現れる 本物のふくろう

屋根付きの休憩スペースになっている隣の「ふくろう小屋」。時々本物のふくろうが訓練士に連れられてやってきます。記念写真も撮れますよ。（三重県／43歳／ワンピース）

自分用

使いたいけど使えない！ オリジナル切手

ホグワーツ特急やハリーがモチーフの、オリジナルポストカードと切手のセット。使いたいんだけど、もったいなくて使えへん。いつか使いたい！（大阪府／31歳／もりりん）

雰囲気

あの「吠えメール」に 気をつけて！

「OWL POST」と表示されたショーウィンドウの前に立っていると、「吠えメール」を聞くことができるんだ。最初のときは、ビックリして跳びあがったよ。（北海道／12歳／健太）

ハミ出し情報　「ふくろう小屋」の屋根にある時計台は、1時間に4回、0分から15分おきに鳩時計みたいにふくろうが登場します。高い場所なので見落としがちだけど、見上げてみてね。（大分県／25歳／緑茶）

ダービシュ・アンド・バングズ

魔法用具

ハリポタ・エリア

Map F

クイディッチ好き必見のショップ

Data 混雑注意 専門店 雨具あり

魔法界の球技、クイディッチ関連のグッズのほか、ホグワーツの制服など、衣類からアクセサリーまで豊富な品ぞろえの人気店。店内の天井には、「ファイアボルト」などの空飛ぶほうきが飾られている。

おすすめグッズ
ローブ…14000円

ハリポタ・ファンならやっぱりほしい。一度買っておけばコスプレにずっと使えるぞ！

 おみやげ
友達へおみやげにぴったりのストラップ

友達へのおみやげに困ったときは、ここがおすすめ。お揃いのストラップを仲良し3人組に購入。かわいいデザインが喜ばれますよ。（和歌山県／36歳／コスモスママ）

 雰囲気
かなりビビる！檻のなかの怪物

店内に置いてある檻。近づいてみたら、なかからすごい勢いでかみついてくるものが！「怪物的な怪物の本」でした。これがリアルで怖いんです。（栃木県／23歳／ケーブル）

 自分用
ファンにはたまらない実物大の空飛ぶほうき

展示用かと思ったら、販売していた実物大の「ファイアボルト」。さすがに、ちょっと手が出ないお値段だったので、2分の1サイズで我慢しました。（兵庫県／20歳／ジャスト）

 おみやげ
クイディッチグッズのデザインがカッコいい

クイディッチTシャツが、エンブレムが入っていてイギリスっぽくてカッコいい。男の子におみやげで贈ったら、すごく喜ばれました。（岡山県／41歳／カランコロン）

ハミ出し情報 買ったマフラーやローブをすぐに着たければ、お店のスタッフに「購入証明書」をもらおう。これがあれば、ホグワーツの学生になった気分でUSJが楽しめるよ。（京都府／19歳／タカポン）

"ハリポタ"・エリア

グラドラグス魔法ファッション店

ファッショングッズ

Map **G**

おしゃれアイテムがそろうショップ

Data

 混雑注意  専門店  雨具あり

その名の通り、衣服をはじめ、アクセサリーや小物類など、女性向けのファッションアイテムがそろう店。「ダービシュ・アンド・バングズ」と「ふくろう便＆ふくろう小屋」と店内でつながっている。

— おすすめグッズ —

ドレスストラップ…2000円

細やかな細工が美しいストラップ。カバンにつければ、みんなに注目されること間違いナシ！

雰囲気

ハンドメイド好き必見 2階のディスプレイ

上がれないけれど、2階にもディスプレイがびっしり。色とりどりの生地やボタン、糸などの裁縫道具が飾られていて、手芸好きにはたまりません。（大分県／39歳／ニット）

おみやげ

女の子が大喜びの かわいいグッズが充実

ほかのお店には少ない、女の子向けのグッズが充実。ネックレスやリングなどのアクセサリーはデザインがステキなので、娘とペアで購入しました。（青森県／37歳／リンゴの歌）

雰囲気

映画のシーンが目に浮かぶ ドレスにうっとり

ショーウィンドウには、舞踏会のシーンでハーマイオニーが着用したドレスが飾ってあります。映画の場面が浮かんできて、うっとりしちゃった。（三重県／23歳／みゆき）

雰囲気

レジの裏ワザで 買い物時間を短縮

店内でつながっている「ダービシュ・アンド・バングズ」と「ふくろう便＆ふくろう小屋」は、いずれの店のレジも使えます。空いているところを探して。（徳島県・28歳・パフ）

ハミ出し情報 ここで売っている、星をモチーフにした靴下はかなり派手派手。普段使いにはちょっと気が引けるけど、ハロウィーンのときは目立てて好評でした。イベント向きですね。（宮城県／24歳／かず）

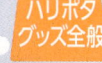

ハリポタ
グッズ全般

フィルチの没収品店

Map **H**

生徒から没収した お宝がいろいろ

Data

 混雑注意
 専門店
 雨具あり

ホグワーツ魔法魔術学校管理人が生徒から没収したグッズを販売。衣類からお菓子類までさまざまな商品がそろう、エリア内最大の店。「ハリー・ポッター・アンド・ザ・フォービドゥン・ジャーニー」の出口にある。

─── おすすめグッズ ───

忍びの地図 コロコロスタンプペン付きメモ帳…1200円

スタンプがついたペンで、地図の絵がついたメモに足跡をつけて遊ぶことができるセット。

 配り物

みんなに好かれる スタンダードなお菓子

会社へのおみやげは、ここに決め打ち。ユニークなお菓子が多い「ハニーデュークス」と違って、万人受けするものがそろうので、迷いません。（高知県／36歳／カツオのたたき）

 雰囲気

店内は暗いので 迷子にはご注意！

アトラクション直結なので、店内は大混雑。おまけに暗いので、大人でも迷子になりそうです。私はいつも、待ち合わせ場所を決めてから入店します。（広島県／26歳／サファリ）

 おみやげ

おみやげの一括購入で 遊ぶ時間を増やそう！

少しでもアトラクションを楽しみたいなら、おみやげはここでまとめて買おう。いろいろなグッズがそろっているから、短時間で済ませられるよ。（福島県／34歳／リーマン）

 自分用

思い出にプラスしたい ライド写真はここで

楽しい思い出として残るライド中の撮影写真は、この店で購入できます。取り扱うレジは、通常商品とは別になっているので、間違えないでね！（島根県／31歳／フェアリーテイル）

ハミ出し情報　杖の形をしたボールペンセットは5本入り8500円とお高めですが、値段に見合う凝った造り。1本ずつ、親せきの子どもたちに配ったら大喜びされました。（佐賀県／44歳／ケチケチおばちゃん）

ウォークスルーイベント

毎日行われている、お楽しみイベントも大人気！
特にハリポタ・ファンは絶対に体験しておきたい。

ホグワーツ・キャッスルウォーク

場所：ホグワーツ城（「ハリー・ポッター・アンド・ザ・フォービドゥン・ジャーニー」脇から入場）

ホグワーツ城をじっくり探検！

お城の中を自分のペースで歩いて探検できるツアー。入口は城の近く、イノシシの門にある、一番左の通路。ルートはアトラクションの待合通路とほぼ同じだが、並んでいる時はよく見えなかった部分をじっくり見られる。ライド後に行くのがおすすめで、小さい子や妊婦さんでも参加できる。

＼口コミ／

城内の凝った装飾や仕掛けをじっくり見たい人は絶対に参加すべきイベントです！　アトラクションで並んでいた時には見られないところもたくさんありますよ。（兵庫県／27歳／おりパンダ）

「オリバンダーの店」杖イベント

場所：「オリバンダーの店」脇に並んで待機

有名な"あのシーン"を体験！

「杖が魔法使いを選ぶ」シーンを体験できるイベント。まず、最初の部屋に入り、隠し部屋に移動。そこには店の主人がいて、魔法を使った演出でお客さんを楽しませてくれる。そして同じグループからひとりだけ選ばれ、杖を授かるという流れだ。ちなみに選ばれた場合でも、杖はタダではもらえない。

＼口コミ／

まさに映画に登場したシーンそっくりのセットやシチュエーションに大興奮！　残念ながら杖の番人には選んでもらえなかったけど、ハリポタ・ファンとしては大満足です。（京都府／30歳／ノニー）

ハミ出し情報　キャッスルウォークでは、ダンブルドア校長室の入口にあるガーゴイル像を見られます。あと、ファンにはおなじみの巨大な砂時計も見逃さないように！（北海道／29歳／エンド）

メイン・エリア情報

USJとっておき攻略術

ウィザーディング・ワールド・オブ・ハリー・ポッター情報

メイン・エリア情報

USJ の基本攻略

この本の
使い方

この本全体について

★本書に掲載されているデータは 2018 年 3 月までに集めた情報です。変更されている場合もあるので、事前にご確認ください。

★本書の口コミ情報は、寄せられた口コミ情報をもとに、テーマパーク研究会がまとめたものです。施設名や口コミ以外の情報は、USJの公式ホームページやUSJ で配られているスタジオガイドなどを参考にしています。

★スタジオ・パス、E パス、ユニバーサル・VIP ツアーメニュー、グッズは消費税 8％の税込価格です。

★イラストはすべてイメージです。

口コミ情報とマップについて

★本書の記事は口コミ情報をもとにしております。主観の問題もあり、すべての人が同じように感じるとは限りません。

★本書掲載の地図はおおよその場所を示しております。目安としてお使いください。また、パーク内での工事により、アトラクションが利用できなくなる可能性もあります。

基本情報／お役立ち情報について

★ P2 ～ 31、P140 ～ 172 では USJ のアクセス、チケット、サービス施設などの情報を紹介しています。チケットの購入場所や料金、営業時間などは、2018 年 3 月現在のものです。変更になることもあるので、事前に公式ホームページなどでご確認ください。

★ P2 ～ 31、P140 ～ 172の中で紹介している E パス／シングルライダー／チャイルドスイッチ／よやくのり対応のアトラクション、便利施設、ユニバーサル・VIP ツアーの料金、イベントの内容や種類、ファンクラブ特典、ミニショップ、フォトサービス、登場キャラクター、メニューの内容や料金、グッズの内容や料金などは変更される可能性があります。

★ P18 ～ 27 のモデルコースの所要時間などは、あくまで目安ですので必ずしもその通り回れるとは限りません。ご了承ください。

アトラクション＆ショップ＆レストランについて

＜アトラクション＞

★アトラクションの所要、待ち時間は、テーマパーク研究会のメンバーが何度か来園して調査したものです。時間帯や天候、イベントの有無によって変動することがありますので、ご了承ください。

★アトラクションは今後、変更休止・終了となる可能性もございます。ご了承ください。

★アトラクションには、身長制限を設けているものがあります。他にも妊婦制限、新生児、心臓疾患、背中・腰の疾患、首の疾患、呼吸器系疾患、けいれん発作、乗り物酔い、めまい、閉所恐怖症、高所恐怖症、騒音過敏症、暗所恐怖症、新生児、肌が弱いなど、アトラクションによって利用制限を設けている場合があるので、詳しくは事前に USJ の公式ホームページで調べるなどしてお出かけください。

＜レストラン＆ショップ＞

★レストランのメニューの内容や価格は突然変更になることもあるので、あくまでも参考としてお考えください。

★レストランやショップは、季節や曜日により休業する場合があります。事前に必ずお問い合わせの上、ご利用ください。

★ショップで取り扱っている商品、価格の内容等は、変更されることもあります。本書に掲載のものは、あくまでも目安としてお考えください。

USJ 以外の施設について

★ P168 ～ 171で紹介している USJ 提携ホテルの情報は口コミをもとに紹介しています。各種サービス、アクセス方法、所要時間などは時期により大きく変動することが予想されます。ここで紹介するそれらの内容はあくまでも目安としてお使いください。

★ P172 で紹介している UCW のレストラン、ショップの情報は、2018 年 3 月現在のものです。お店がなくなったり、料金やサービスの変更なども考えられます。あらかじめご了承ください。

綴じ込みMAPの使い方

付属の2種類のMAPを使って計画を立てよう。
まずは自分が行きたいアトラクションを確認！

マイランキング付 インパーク予定表

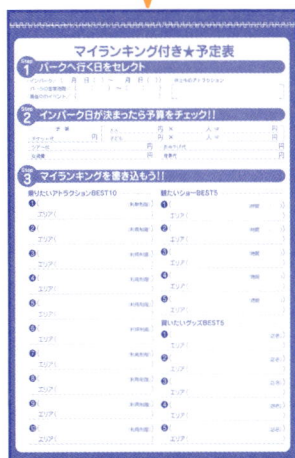

3つのステップに分けて予定を組めるようになっている。USJへ行く日が決まったら、まずは休止中のアトラクションがないかを確認しておこう。その後、乗りたいアトラクション、観たいショー、行きたいレストランをできる限り制覇できるようなプランを、この本を参考に時間をかけてじっくり練っていこう！

USJ全体MAP（表） ウィザーディング・ワールド・オブ・ハリー・ポッターMAP（裏）

表裏2種類のMAPで、アトラクション、レストラン、ショップ、さらにトイレなど便利施設のおおよその位置を示している。効率良く回るための参考にしよう。ただし、お店の位置が変わったりクローズするなど、予告なく変更が生じる場合もあるので、当日、現地では入口で配布しているガイドを活用するようにしてね。

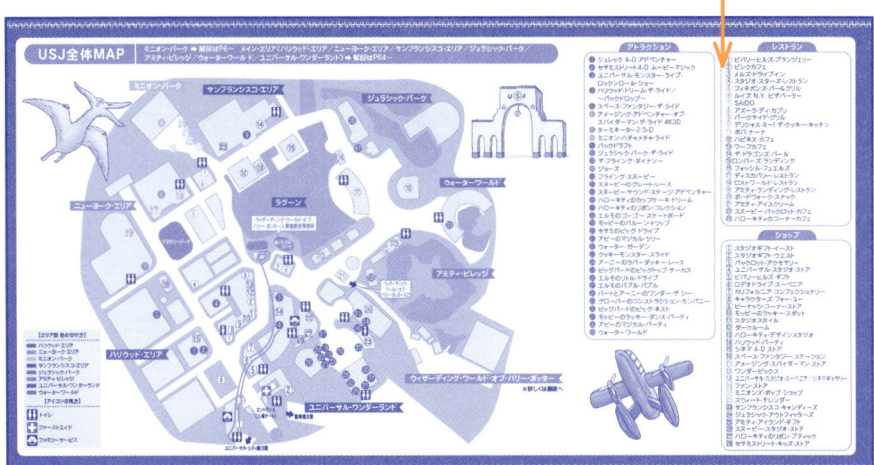

本文中の「Map」や「全体Map」の番号と、巻頭綴じ込みマップの番号は呼応している。おおよその位置を確認する際は、地図で対応する番号を探してね。

エリア別 攻略ポイント

"ハリポタ"・エリアや
ミニオン・パークのほかにも、
USJには7つのエリアが存在する。
どのエリアも、魅力的で個性豊か！
楽しい仕掛けも満載なので、
その特徴や魅力を知っておこう。

映画の都
ハリウッド・エリア

ゲートをくぐると、まず広がるのがここ。映画の都の名を冠している通り、USJではメイン・エリア的な存在だ。他エリアに比べ、ショップの数もダントツ群を抜いており、総合的にアイテムをそろえたショップが多いのも特徴。おみやげを買う人で常ににぎわい、活気に満ちている。

特徴
- ゲートに最も近いエリア
- ショップ数はNO.1
- キャラクターが出没しやすい

口コミ情報
朝のゲート前ではウッディー＆ウィニーなどおなじみキャラが出迎えてくれるのも楽しみ。キャラ遭遇率も高い気がします。（熊本県／21歳／太っちょ警部）

古き良き街並み
ニューヨーク・エリア

古いニューヨークのレンガ造り街並みをイメージした、スタイリッシュなエリア。「スパイダーマン」のアトラクションがあるのもココだ。「ターミネーター 2:3-D」前のグラマシーパークは、イベント時には特設ステージが設置されるなどして、スペシャルプログラムがよく開催されている。

特徴
- 古いレンガ造りのシブい街並み
- フェイクのお店回りも楽しい
- 特設ステージのショーも開催

口コミ情報
営業していないフェイクの店を見て回るのも楽しいし、「パーク・サイドグリル」裏のセントラルパークは休憩場所にぴったり！（富山県／22歳／みつばち）

おしゃれなベイエリア
サンフランシスコ・エリア

サンフランシスコの観光地「フィッシャーマンズワーフ」をモデルにした一帯が見もの。ラグーンを臨む桟橋付近の解放感は最高だ。ところどころに本物の双眼鏡などが設置されているなど、散策するだけでもいろいろな発見があり、楽しめる。ライトアップされる夜も美しく、お散歩にも最適。

特徴
- 開放的な雰囲気
- 個性的なお店も多い
- 桟橋はさわやかで散策向き

口コミ情報
夜は、レンガ造りの建物がライトアップされるんですが、それがとってもムーディー。カップルで散歩するのも最高かも！（千葉県／19歳／セカハジ）

ハミ出し情報 ハリウッド・エリアのメイン通りは、キャノピーと呼ばれる巨大な屋根がついているよ。だから雨の日の買い物も心配ナシなんだ。（富山県／30歳／牛久大仏ブギウギ）

怪しいジャングル
ジュラシック・パーク

映画『ジュラシック・パーク』の世界観が見事に再現されたエリア。ジャングルのようにうっそうと木が生い茂っていて、恐竜に襲われたかのようなジープが置いてあるなど、雰囲気も満点。アミティ・ビレッジ側には巨大なゲートがあり、左右に灯るたいまつが探検気分を盛り上げる!

特徴
- ・恐竜が潜むような妖しい雰囲気
- ・探検ジープや恐竜の足跡などの演出
- ・ジャングルのように緑豊か

口コミ情報

地面にアンモナイトなどの化石の跡を発見! あと、自動販売機も化石っぽい演出がされていて面白いです。チェックしてみて。(群馬県/30歳/るり)

のどかな漁村
アミティ・ビレッジ

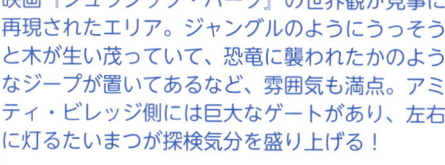

映画『ジョーズ』の舞台となった漁村、「アミティ・ビレッジ」を再現。吊るされた巨大なサメは、このエリアを象徴するモニュメント的な存在だ。エリアのところどころに見られる製作中の船や、さびついた漁の道具などは、特殊効果を用いてリアルに再現したもの。チェックしてみよう。

特徴
- ・吊るされた巨大サメ
- ・のどかな漁村のような雰囲気
- ・特殊効果による"錆"などの演出

口コミ情報

映画『ジョーズ』は、海水浴場に人食いザメが出たことで、看板にジョーズの背びれが落書きされるのですが、それと同じ看板が! (東京都/45歳/負古)

ファミリー向け
ユニバーサル・ワンダーランド

特徴

- ・大人気キャラが集結
- ・かわいい遊具や乗り物だらけ
- ・大人も十分楽しめる!

「スヌーピー・スタジオ」「ハローキティ・ファッション・アベニュー」「セサミストリート・ファン・ワールド」の3エリアで構成された、ファミリー向けエリア。入口のキャラクターのモニュメントや、各キャラクターの顔をあしらった美しい花壇など、エリア内には楽しい仕掛けやデザインも多い。大人でもワクワクさせられるエリアだ。

口コミ情報

「セサミストリート・ファン・ワールド」内の公園は、セサミ・ファン必見! 個性的な遊具は大人が見ても飽きません。子どもの邪魔をしない程度ならちょっとだけ遊べます。(大阪府/34歳/かりあげママ)

海上都市
ウォーターワールド

特徴

2018年中に大リニューアル予定

エリアの全体を使った、壮大なショー・アトラクション。ステージや待合通路は、エイジング処理で錆や腐食を施されたセットで組まれている。1日の上演回数は限られているので確認しておこう。

口コミ情報

エリア付近には、サーフボードでできたベンチが! おしゃれでお気に入りです。(埼玉県/30歳/サーフ夫婦)

ハミ出し情報 「ユニバーサル・ワンダーランド」は休憩に最適。癒しムード満点でのんびりできるし、雨の日でも過ごせる屋内遊技場もあるからね。(広島県/40歳/球はまだ残っとるがよ)

チャイルドスイッチ

シュレック 4-D アドベンチャー

 屋内
 ショー
 水漏れ
 感動派
 キャラ好き
ファミリー

Map ①

**五感で感じるサプライズショー！
シュレックと一緒に冒険している気分に**

攻略術！

入場

シアターは『セサミストリート』の作品と入れ替え制。大体昼過ぎで入れ替わるけど、念のため事前に確認を。

プレシアター

本編上映前に入るプレシアター。左の扉から出るとメインシアターの後方席に。右の扉から出ると前方席に出る。

メインシアター

約13分間座って鑑賞できるから、休憩したいときにも最適。ただ待ち列は屋外、プレシアターは立ち見なのでご注意を。

Data
身長制限：なし
定　　員：324名
所要時間：約25分

🕐 **待ち時間の目安**
平日：**30**分　休日：**60**分

 ハミ出し情報　待ち列は、屋根ありの屋外。待ち時間が結構長いときもあるから、寒さ対策や暑さ対策はしっかりしておいた方がいいですよ。（滋賀県／44歳／キャンママ）

ハリウッド・エリア

お楽しみPOINT

前半 映画版を観ていない初心者でも安心！

プレシアターで映画版のあらすじを簡単に説明してくれたから、観ていなかったカレも十分楽しめたようでした！　私はもちろん事前予習済みだったので、十二分に楽しめました！　（山口県／27歳／杏理）

後半 3-D映像に連動した特殊効果がリアル！

飛び出す3-D映像に加えて、シーンに合わせてシートが揺れたり、匂いがしたり、シャボン玉が飛んだり…。臨場感たっぷりの仕掛けで、ストーリーにぐいぐい引き込まれました！　（奈良県／28歳／フジイD）

終演後 シアターを出た後も見どころ満載！

出口付近には、シュレックが住む森を再現したコーナーが。シュレックの足が見えているトイレがあったり、NG集のような映像が流れていたりして、終わってからも楽しめましたよ。（京都府／23歳／たけぽん）

トリビア 本場大阪で聞くシュレックの大阪弁

シュレックの声は、映画版同様バリバリの大阪弁です！　なんだか、大阪に来た～って感じました（笑）。（栃木県／37歳／和子）

注意！

2018年6月24日までは、「美少女戦士セーラームーン・ザ・ミラクル4-D」の上演のため休止

※イベント「ユニバーサル・クールジャパン2018」のアトラクション。詳細はUSJの公式ホームページなどでご確認ください。

ハミ出し情報　アトラクションの入口近くのスペースに、ベビーカーがズラリと並んでいました。ひとりで座れれば楽しめるので、ファミリーにも人気みたいですね。（静岡県／29歳／ボボ）

67

チャイルド
スイッチ

セサミストリート 4-D ムービーマジック

ハリウッド・エリア

 屋内
 ショー
 水漏れ
 のんびり派
 キャラ好き
ファミリー

Map ②

飛び出す 3D 映像と ＋αの特殊効果で『セサミストリート』の世界観を満喫！

攻略術！

入場

このシアターは『セサミストリート』と『シュレック』の作品の入れ替え制。行く直前に時間をチェックしておこう。

テイスト

ショーの内容は結構子ども向け。でも『セサミ』好きやキャラ好きの大人なら癒される世界観なので、十分楽しめる。

メインシアター

暗い中でもひとりで座って観られることが鑑賞条件。膝抱っこも NG なので、小さな子どもがいるファミリーは要注意。

Data
身長制限：なし
定　　員：**324名**
所要時間：約**25分**

🕐 待ち時間の目安
平日：**30分**　休日：**60分**

 ハミ出し情報　タイミングが良かったのか、シアターの前でエルモやクッキーモンスター、ゾーイなどがグリーティングをしてた！　いい記念写真が撮れました。(22歳／鳥取県／たかし LOVE)

お楽しみPOINT

プレシアター 『セサミストリート』初体験でも楽しめる

本編上映前のプレシアターでは、各キャラクターの紹介もありました。『セサミ』を見たことがなかったパパも、ここで予習できたお陰でしっかり楽しめたみたいです。（福島県／35歳／ゆうちゃんママ）

メインシアター お菓子の香りやシャボン玉が！

「想像力で映画をつくってみない？」というエルモの発想から始まるストーリー。途中でお菓子の香りがしたりシャボン玉が飛んできたりして、子どもたちはビックリしてました（笑）。（岡山県／36歳／ミミ子）

終演後 おなじみのセットで写真を撮ろう！

メインホールを出たところには、ブラウンストーンの建物など『セサミ』ファンにはたまらないおなじみの街並みが。持っていたエルモのぬいぐるみとかわいい写真が撮れました！（山形県／26歳／志乃）

トリビア 『シュレック』との観くらべも楽しい

3D+特殊効果は『シュレック』と同じ。でも使われ方が全然違うから、ぜひ両方観くらべてみて！（大阪府／29歳／バンビ）

注意！

2018年6月24日までは、「美少女戦士セーラームーン・ザ・ミラクル4-D」の上演のため休止

※イベント「ユニバーサル・クールジャパン2018」のアトラクション。詳細はUSJの公式ホームページなどでご確認ください。

ハミ出し情報 「シュレック 4-D アドベンチャー」よりも座席の動きが激しくないし、ストーリーも分かりやすいから、5歳の娘にはちょうど良かったかも。（39歳／愛知県／ちばる）

ユニバーサル・モンスター・ライブ・ロックンロール・ショー

ハリウッド・エリア

Map ③

**墓場のステージにモンスターたちが集結！
歌って踊る本格ロックンロール・ショー**

攻略術！

入場
常に次回入場の列までできているほど、大人気のショー。休日なら2時間前までに並ばないと最前列は難しいかも。

花道
前ブロックの縦通路沿いはやや後ろながら、フランケンとその花嫁が通る人気の席。空いていたら即ゲットして！

上演中
曲に合わせて手拍子やウェーブ、コール＆レスポンスをする場面も。『YMCA』などのダンスにも積極的に参加しよう。

Data
身長制限：なし
定員：902名
所要時間：約30分

🕐 待ち時間の目安
平日：**30分** 休日：**60分**

 狼男はボン・ジョヴィの曲を歌い上げ、フランケンシュタインはサンタナの曲をギターでかき鳴らす！ 洋楽好きの私には最高のひとときでした。（三重県／35歳／スズ）

お楽しみPOINT

ハリウッド・エリア

通路 ホラー映画ファン必見のコレクション

待ち合い通路には、昔のホラー映画のポスターや撮影に使われた衣装がズラリ。暑い日だったけど、空調もきいていたからかなり快適に待つことができました！（広島県／24歳／ジャイアンちゃん）

ライブ 本場さながらのエンターテイメント

進行役のビートルジュース以外、キャストは全員外国人。鳥肌モノの歌唱力やキレキレのダンスは、まさにエンターテイメント！　本物のライブに行ったような満足感がありました。（高知県／30歳／たぱぱん）

交流 目立つ格好なら話しかけられるかも

ビートルジュースがとっても面白いんだけど、笑ってたら話しかけられちゃった！　最前列でキャラの帽子をかぶってたから目立ったのかな。恥ずかしかったけどうれしかった！（山口県／20歳／ようちゃん）

トリビア 写真もビデオも好きなだけ撮れる！

ショーの間は、写真もビデオ撮影もOK！　迷惑にならない程度にですが、いっぱい撮れました！（石川県／27歳／PKO）

キャラ info

ビートルジュースってそもそもどんなヤツ？

人間を退治する"バイオ・エクソシスト"を生業としている。黒い目の周りやぼさぼさの白髪頭など見た目もかなり個性的。1988年の映画『ビートルジュース』では、彼の巻き起こす怖いけど愉快な大騒動が楽しめる。

 ハミ出し情報 45分前に並んで前ブロックに座れました。中央、入口に近い左側、右側の順に席が埋まってたから、初めから右側を狙えば前の方に行けたかも。（和歌山県／33歳／猫耳）

Eパス｜シングルライダー｜チャイルドスイッチ

ハリウッド・ドリーム・ザ・ライド／〜バックドロップ〜

ハリウッド・エリア

ライド｜アクティヴ派｜友人同士｜カップル

※シングルライダーは「〜バックドロップ〜」では使用不可

Map ⑤

あなたは前向き派？後ろ向き派？ 全長約1300mの空飛ぶ絶叫コースター

夜はライドが輝いてキレイ！

攻略術！

入場

人気アトラクションのため、待ち時間は長い。Eパスやシングルライダー※1を活用して待ち時間を短縮する方法を考えよう。

向き

大迫力の前向きライド。予測できないスリルが味わえる後ろ向きライド（バックドロップ）。できれば両方乗ってみよう！

逆G

体が浮くような逆Gの感覚をよりしっかりと楽しみたいなら、両手はバンザイ、脚は垂直に上げるポーズをキープしてみて。

Data
身長制限：**132cm以上**
定　員：**36名**
所要時間：約**3分**

🕐 **待ち時間の目安**
平日：**170分**　休日：**200分**

ハミ出し情報　「ハリウッド・ドリーム・ザ・ライド」に乗る際は、ポケットの中は空にするのが決まり！また、荷物は乗る直前に鉄格子付きの棚に預けられるよ。(兵庫県／29歳／アフター)

お楽しみPOINT

音楽 好きな曲を選んで
ライド中のBGMに

私が乗った時の曲はドリカムやワン・ダイレクション、ピットブルとアギレラのコラボ、などがありました！音楽を聴きながら空を飛んでる感じで、気持ち良かった〜！（東京都／17歳／ルルちん）

コース 次々と襲い掛かる
スリルに絶叫の嵐！

地上43mから最大59度の急勾配をほぼ垂直に落ちた後は、体が空に投げ出されそうになる急カーブ、お尻が浮くようなマイナスGの後は真横になって2回転！　もう興奮しっぱなしでした！（山口県／21歳／姉）

バックドロップ 予測不可能な
後ろ向きコースター

後ろ向きって本当に怖い！　ファーストドロップでは頂上に上りきる前にスピードが出て、空が見えたかと思うと後頭部から一気にたたき落される！　バックドロップ最高！（鳥取県／27歳／UY）

トリビア

一流の技術が浮遊感を生み出す

空を飛んでるみたいに感じるよう、音や振動を抑えてなめらかな走行感にこだわったらしいよ。（兵庫県／34歳／日本茶）

グッズinfo

ヨーヨーボール

超絶スリルのあとはヨーヨー遊びでひと休み。柔らかい感触やユニークな見た目に癒される!?

ココで買える！ アメージング・スパイダーマン・ストア
➡ P97

ハミ出し情報 まだ明るいうちに乗ると、ホグワーツ城が3回見えるそうです。私は夜に乗ったけど、お店のネオンやライトアップを見下ろせてきれいでしたよ。（富山県／40歳／mame吉）

73

スペース・ファンタジー・ザ・ライド

Map **6**

目まぐるしく回転する宇宙船に乗って太陽を救うためのスペーストラベルに出発！

 攻略術！

待ち時間

荷物はすべて100円返却式のコインロッカーに預けるきまりとなっている。モタモタしないように素早く用意しよう。

座席

2人ずつが背中合わせに乗り込む4人1組の宇宙船が、2つずつ連結。2つ目の前向きが一番怖いが、座る位置は運次第。

回転率

乗組員の組み合わせによって動きが変化する宇宙船。1両あたりの総体重が重いか、体重差が大きいと回転が激しくなる。

Data

身長制限：**122cm以上**
（付き添い者同伴の場合は、**102cm以上**）
定　　員：**8名**　　所要時間：**約10分**

🕐 **待ち時間の目安**

平日：**70**分
休日：**110**分

ハミ出し情報 ライド乗り場に向かうまでの通路もしっかり作り込まれてます。まるで宇宙船の中を歩いているような感じでワクワク！　色んな仕掛けもあって楽しめました。（滋賀県／31歳／仕事人間）

お楽しみPOINT

コース 先が予測できない動きに大興奮！

下にレールが見えるわけじゃないので、どんな風に進むのかが全く予測不可能！　乗る人によって変わるらしいフリースピンに身を任せて、宇宙旅行のドキドキ感を味わえました。(青森県／28歳／まーぼー)

演出 臨場感を高める光と音のコラボ

レーザー光線やキラキラときらめく光に包まれて、本当に星々の間をすり抜けているみたいな感覚に！　乗っている宇宙船の動きに合わせて聞こえる効果音もすごくリアルだった！(香川県／16歳／こうちゃん)

後半 ボタンを押すミッションに大喜び

太陽に到達するクライマックスでは、宇宙船に付いているボタンを押すというミッションが。彼女にお願いしたら張り切って押してました(笑)。こういうのって、結構盛り上がるよね。(千葉県／36歳／主婦)

トリビア

実はここは昔 E.T. の場所だった

USJ オープン当時、ここには「E.T. アドベンチャー」がありました。宇宙つながりってのがニクイ！(大阪府／31歳／T)

注意！

2018 年 6 月 24 日までは、「ファイナルファンタジー XR ライド」の運行のため 休止

※イベント「ユニバーサル・クールジャパン 2018」のアトラクション。詳細は USJ の公式ホームページなどでご確認ください。

 ハミ出し情報　オリジナルストーリーだから、キャラ好きの私としてはあまり期待してなかったんですが、太陽の妖精サンフェアリーがとってもかわいくて癒されました〜。(岐阜県／24歳／team3)

ハリウッド・エリア

ビバリーヒルズ・ブランジェリー

ケーキ
サンドウィッチ

友人同士 デート

Map ①

心躍るスイーツに会える フレンチスタイルのカフェ

ヨーロピアン調の
雰囲気がおしゃれ！

ビバリーヒルズの一角を連想させるおしゃれなカフェ。入口に近い場所にあり、開園時間からオープンしているので、遊ぶ前の腹ごしらえに最適。ケーキの種類が豊富で、その鮮やかな色にもワクワクさせられる。

―― メニュー例 ――

ケーキ各種	500円～
ブランジェリー・サンドウィッチセット	1390円
ホットコーヒー	320円

ファミリー
ケーキが美味しそうで 選ぶのに困ってしまう

ケーキ類は一見の価値あり！ 種類が豊富なうえに色や形がかわいいので、いつもどれを選ぶか悩んじゃいます。生ビールもあるので、甘いのが苦手なパパも大丈夫でした。(宮崎県／35歳／ゆりママ)

20代女子
オープンテラスで 異国情緒が味わえる

通りに面したオープンテラスがオススメ。映画に出てくるような外国のカフェにいる気分に浸れます。タイミングが合えば、ここで夜のパレードを見ることもできますよ。(埼玉県／25歳／UCライダー)

Data	キッズメニュー	 低アレルゲンメニュー	アルコール	 テラス席	 シート席	 座席 300席	 予算 約1500円

ハミ出し情報 アトラクションに時間を使いたい時は、サンドウィッチをテイクアウトして待ち時間に食べています。スイーツもテイクアウトできるので、おやつ用に買うことも。(新潟県／33歳／ことり)

ピンクカフェ

 ファミリー　友人同士

Map ②

ピンクで彩られた ポップでキュートな空間

イスやテーブルはもちろん、壁や天井、レジまでピンクで統一されたカフェ。バラエティ豊かなアイスクリーム類のほか、温かい飲み物やアルコールも用意されている。ちょっとした休憩を取るのに便利。

ピンクだらけの店内は 女子受け バツグン！

── メニュー例 ──
アイスクリーム（コーン）シングル
／ダブル………360円／ 500円
ホットチョコレート…… 410円〜
ピンク・ラズベリービール 700円

 **10代女子** アイスクリームの多さと かわいい店内にウキウキ

店がピンク色でかわいかったので入ってみたら、アイスクリームの種類が豊富で、飛び上がるくらいうれしかった。友達同士で違うものを頼んでシェアすると楽しいかも。（香川県／ 18歳／つばさ）

 **ファミリー** ピンク色のビールなど 大人向けのメニューも

小さい娘がぐずり出したので、ここのアイスでご機嫌取り。「ピンク・ラズベリービール」というピンク色のビールがあるので、パパにはそれを飲んでもらいました。（群馬県／ 33歳／ねこのすみれ）

Data | キッズメニュー | 低アレルゲンメニュー | アルコール | テラス席 | シート席 | 座席 85席 | 予算 約1000円

 ハミ出し情報 サーティワンアイスクリームが運営しているので、味に関しては心配無用です。アイスのカップやデコレーションがかわいいので、見た目も楽しいですよ。（栃木県／ 22歳／ mini）

メルズ・ドライブイン

ハンバーガー

ファミリー　デート

Map ③

50`sアメリカを再現した ハンバーガーショップ

アメリカンサイズで ボリューム満点の ハンバーガーたち！

G・ルーカス監督の映画『アメリカン・グラフィティ』に出てきたダイナーを再現。ハンバーガー、フライドポテトなど象徴的なアメリカンフードと共に、"古き良きアメリカ"にタイムスリップした気分になれる。

━━ メニュー 例 ━━
メルズ・フィフティーズ・バーガーセット ～トリプルチーズ～1590円
キッズ・ハンバーガーセット990円
オニオンリング……………520円

30代男子

男性の胃袋も満足の 大ボリュームバーガー

ハンバーガーのサイズがでかく、パテがけっこう肉肉しくて、男性の胃袋でも満足できる。ジュークボックスやネオン照明など、いかにもアメリカンな内装も自分好みだった。（東京都／37歳／がっくん）

20代女子

シート席が多くて くつろげる

広めのシートのボックス席が多いので、グループでもゆったりくつろげます。お気に入りはストリートに面した窓際の席。運が良ければ、パレードを見ることができますよ。（27歳／兵庫県／トマ♪）

Data

キッズメニュー

低アレルゲンメニュー

アルコール

テラス席

シート席

座席
590席

予算
約2000円

ハミ出し情報
シート席やキッズメニューなど、小さい子ども連れにはとても助かるレストラン。子どもたちは、店先にならんだヴィンテージカーにも興味津々でした。（秋田県／35歳／babylon）

スタジオ・スターズ・レストラン

洋食

ファミリー　友人同士

Map ④

ハリウッド・エリア

映画スタジオのしゃれたカフェテリアで料理をチョイス

トレイを持ち、カウンターでサラダやメイン料理をチョイスしていくカフェテリア・スタイル。店内には歴代スターの絵や肖像画を彫ったガラスが並ぶ。ボリューム満点のメニューは、映画ファンでなくとも大満足。

夏場におススメな屋根付きのテラス席

─── メニュー例 ───
焼きチーズカレーセット…1790円
ミックスフライセット〜海老フライ＆クリーミーコロッケ〜 …1590円
ミニオン・ハンバーグ・キッズセット 800円

20代男子
食べごたえ十分！量を重視するならここで

男同士で遊びに来ていたので、レストラン選びは量を重視。ここのメニューは男性でも食べごたえのあるボリュームで、その後の腹持ちも良かった。選んで正解！（京都府／21歳／ぷににゃん185）

ファミリー
お昼時で混雑しても心配なく入れる

店内が広いので、混んでいても席の心配をすることなく入れます。ミニオン・ハンバーグ・キッズセットは子どもも大喜びで、家族4人でゆっくり楽しいランチタイムを過ごせました。（39歳／石川県／もーりー）

Data キッズメニュー 低アレルゲンメニュー アルコール テラス席 シート席   座席 420席  予算 約2000円

ハミ出し情報 学食みたいなスタイルなので、注文待ちの行列ができていても回転は割と速いです。店員さんの対応がていねいで、ちゃんと空席を探して案内してくれました。（北海道／44歳／ココロン）

スタジオギフト・イースト

混雑注意　専門店　雨具あり

パーク内定番グッズ

Map 1

閉園後も営業のお助けショップ

ゲート外の駅側にあり、パークの外からもアクセスできる。閉園後もしばらく営業している。

——おすすめグッズ——
チケットホルダー
…930円～

雰囲気

おみやげの買い忘れにラストチャンス！

おみやげ買うの、忘れてた！　そんな時に助けてくれるのが、ここ。開いてて良かった、というカンジです。（福井県／27歳／ダイナソー）

おみやげ

お家まで運んでくれるサービスで楽ちん

爆買いしたおみやげは、ここのホームデリバリーサービスで自宅まで送ってもらおう！　帰りも荷物が減ってラク！（熊本県／29歳／早紀）

スタジオギフト・ウエスト

混雑注意　専門店　雨具あり

パーク内定番グッズ

Map 2

定番商品を置くかわいいお店

定番グッズを販売する小さなショップ。外国人旅行者向けの免税サービスがある。

——おすすめグッズ——
鉛筆セット…1000円～

雰囲気

営業時間が変わるから確認しておこう

目立たないお店だけど、一度は入りたい。営業時間が日によって変動するので、事前に確認しよう。（新潟県／20歳／ミルクシュー）

おみやげ

外国人の友達に教えてあげよう

外国から来た友達をUSJに連れて行った僕。おみやげを買いたいとのことで、このお店を紹介してあげました。（大阪府／20歳／亮ちん）

ハミ出し情報　「スタジオギフト・イースト」と「スタジオギフト・ウエスト」にはフィルムや紙おむつや電池など便利グッズも揃っているよ。忘れ物したときに覗いてね。（山口県／34歳／モンチッチ）

バックロット・アクセサリー

人気キャラクターのアクセサリーが豊富

ゲートを入ってすぐの店。キャラのカチューシャやシュシュなど、身につけるグッズがそろう。

── おすすめグッズ ──
カチューシャ…1700円

 **自分用**
お気に入りのキャラで着飾ろう！

インパしたら、まずここでお気に入りのキャラのアクセサリーを身につけて、気分を盛り上げるのがマイルール。（岐阜県／17歳／小百合）

 **キッズ**
キラキラグッズに女の子は夢中

ゲートを入ってすぐのこの店に、娘はハートを鷲づかみ（笑）。あれこれ迷って、なかなか先に進めません。（東京都／32歳／アントワネット）

ユニバーサル・スタジオ・ストア

USJ最大級の売り場と品数

文具などの定番商品から限定グッズまで、豊富な品ぞろえを誇るUSJ最大級のショップ。

── おすすめグッズ ──
メモクリップ…1500円

 **雰囲気**
ゆっくり見るなら夕方までに来店を

帰りにまとめ買いをする客で混雑するから、買い物を楽しむならば夕方までに来店を。それでも、混雑は覚悟してね。（京都府／38歳／ヨモギ）

 **おみやげ**
買い忘れたグッズもここならあるかも？

他のエリアのお店で、ついつい買い忘れちゃったお目当てのグッズ。この店でゲットすることができました。（群馬県／29歳／さくら草）

 ハミ出し情報　「ユニバーサル・スタジオ・ストア」は売り場が広いだけあって、レジ待ちの列がとにかく長い！時間に余裕を持って買い物をしないと、焦ることになるよ。（岩手県／23歳／エリザベート）

ビバリーヒルズ・ギフト

混雑注意　専門店　雨具あり

USJの最新グッズ

Map 5

ハリポタのグッズと旬のアイテムがそろう

ハリポタのグッズやイベント関連グッズなど、他にはない品ぞろえが魅力のショップ。

── おすすめグッズ ──
セーター…18000円

自分用　イベント関連のグッズをゲット！

イベント期間中、それに合わせたグッズを販売することも。限定モノが多いので絶対手に入れたいよね！（大阪府／16歳／カリビアン）

おみやげ　ハリポタのグッズをゲットしよう！

ハリー・ポッターの文具やお菓子が若干置いてあった。入場制限で入れなかったときは、ここで買うといいよ。（三重県／23歳／ミコ）

ロデオドライブ・スーベニア

混雑注意　専門店　雨具あり

キャラクターいろいろ

Map 6

人気キャラクターのアイテムが勢ぞろい

USJでおなじみの、セサミストリートやスヌーピーなどのキャラクターグッズがそろう。

── おすすめグッズ ──
バナナボールペン
…900円

自分用　キャラに囲まれて買い物できて幸せ

キュートな人気キャラがストラップやぬいぐるみなどのアイテムでズラリと並び、キャラ好きにはたまりません！（愛知県・19歳・大学生）

おみやげ　家族のウエアをぴったりサイズで

衣類のサイズ展開が豊富な店。家族みんなのおそろいのウエアを、ぴったりサイズで買うことができて大満足。（鹿児島県・42歳・サツマイモ）

ハミ出し情報　「ロデオドライブ・スーベニア」、「ビバリーヒルズ・ギフト」、「カリフォルニア・コンフェクショナリー」は店内でつながってます。いろいろな商品が一度に買える穴場。（兵庫県／40歳／ペコ）

カリフォルニア・コンフェクショナリー

お菓子

国内最大級！の お菓子専門ショップ

日本最大級のお菓子専門店で、パーク内で販売するお菓子のほとんどを取り扱っている。

―― おすすめグッズ ――
アソートスウィーツ
…1800円

配り物 職場へのおみやげが いろいろ選べる

チョコレート、クッキーなど、小分けにできるお菓子の種類が多い。会社用のばらまきみやげはここで決まり！（千葉県／31歳／ファジー）

おかし 記念品にもなる かわいいパッケージ

ここのお菓子の容器はキャラがデザインされたりして、かわいいものが多いんです。食べた後も記念になりますよね。（茨城県／49歳／アツコ）

キャラクターズ・フォー・ユー

セサミストリートグッズ

キャラクター好きは 見逃せない

セサミストリートのグッズがそろう。店内にあるエルモのオブジェもキュートなので要チェック。

―― おすすめグッズ ――
リールチケットホルダ
…1200円

雰囲気 イベントに合わせて 店内が変わることも

ハロウィーンなどの季節イベントによって店内の雰囲気が変わることがあるので、何回来ても飽きません。（新潟県／28歳／ポップコーン）

雰囲気 お店の前はキャラ 出没率高し！

ショップの前でクッキーモンスターなどのセサミキャラが出没したという情報ゲット。運が良ければ一緒に写メも撮れる。（広島県／21歳／愛）

ハミ出し情報　「カリフォルニア・コンフェクショナリー」のお菓子は、子どもに大好評。でも、かわいくって食べられないいってことが難点です。娘は泣きながら食べています（笑）。（長崎県／41歳／看護師）

ピーナッツ・コーナーストア

混雑注意 専門店 雨具あり

スヌーピーグッズ Map 9

スタイリッシュなスヌーピーグッズ

スヌーピーのグッズがそろう。ファッション・アイテムをはじめ、大人っぽいグッズが多い。

おすすめグッズ
チャーリー・ブラウン
ぬいぐるみ…2800円

自分用
大人向けのグッズが手に入る

同じスヌーピー・グッズでも、「スヌーピー・スタジオ・ストア」と比べて大人向け。Tシャツなど服系も充実してる。（三重県／18歳／トンコ）

雰囲気
広々としていて買い物しやすい

店内は広く、通路に余裕があるので、混雑時でもラクに買い物ができますね。壁に描かれたスヌーピーもカワイイ！（秋田県／20歳／あやこ）

モッピーのラッキー・スポット

混雑注意 専門店 雨具あり

モッピーグッズ Map 10

モッピーをゲットしてハッピーになろう！

USJで誕生した、幸福を呼ぶというラッキーモンスター、モッピーのグッズを集めた専門店。

おすすめグッズ
ぬいぐるみ（S）
…2400円

おみやげ
受験生のおみやげにハッピーをお届け

モッピーグッズは幸せを呼ぶと噂が。そこで、受験を控えた姪っ子にプレゼントしたところ、大喜びでした。結果も◎。（山口県／37歳／マリ）

雰囲気
ラッキー診断でいいことが起こる？

店内の「ラッキー・ミラー」でラッキー度を占ってもらうと、運が良ければ、凄いプレゼントがあるんだよ。（岡山県／14歳／タロ）

ハミ出し情報 「モッピーのラッキー・スポット」の前にある等身大のモッピー人形は、手にあるボタンに触れると、なんとおしゃべりができるんだ。おもしろいから試してみてね。（神奈川県／20歳／おみくじ）

ハリウッド・エリア

スタジオスタイル

ポップでキュートなミニオンズショップ

ミニオングッズが大集合。お店の前でペンキ入りバケツで遊ぶ愉快なミニオンたちがお出迎え。

おすすめグッズ
スタッキングプラカップ…3100円

おみやげ　定番からちょっと変わり種まで勢揃い

キーホルダーなどの THE 定番はもちろん、ミニオンフェイスのゴルフボールなど他ではあまり見ないものも。（石川県／ 28 歳／ヒカル）

雰囲気　窓ガラスにもイタズラ好きのミニオン

お店の窓にもペンキでハチャメチャなことをするミニオンたちがたくさん。カワイイから許しちゃうよね〜。（群馬県／ 23 歳／プチっと鍋）

ダークルーム

ユニバ映画グッズをゲットするならココ

2017年6月にリニューアルし、『トランスフォーマー』などユニバーサル映画アイテムを取り扱うお店になった。

おすすめグッズ
Tシャツ…3900円

自分用　探せば見つかるパーク限定アイテム

『トランスフォーマー』のキーホルダーの種類が豊富で、ユニバ限定のものもありましたよ。映画ファン必見の一軒です。（福井県／ 30 歳／豊）

雰囲気　カメラそのものでよく目立つ！

お店の外観がカメラにそっくり。もともとカメラ屋さんだった名残なんだって。ちなみに店名は"暗室"っていう意味だよ。（群馬県／ 19 歳／ツグミ）

 ハミ出し情報　「スタジオスタイル」は、お隣の「ピンクカフェ」とつながっています。買い物組と休憩組に分かれることができるので、使い勝手がいいお店です。（和歌山県／ 34 歳／サラダ）

ハローキティ・デザインスタジオ

混雑注意　専門店　雨具あり

ハローキティグッズ

Map 13

キティちゃんのグッズが勢ぞろい

キティちゃんや、彼女のリボンをあしらったグッズがそろう。キティラーならずとも必見。

―おすすめグッズ―
ポーチ…2000円

自分用
女子力を上げるキュートなグッズ

海外セレブにも愛される、女子力の高いキティちゃんのグッズ。服や生活雑貨にいたるまであらゆる商品があります。(茨城県／24歳／マロン)

雰囲気
キティちゃんのアトリエをイメージ

"デザイナー"キティちゃんのアトリエ」が店内コンセプトらしい。無数のリボンが組み合わさった窓枠もカワイイ！(富山県／21歳／マル)

ハリウッド・パーティ

混雑注意　専門店　雨具あり

イベント関連グッズ

 Map 14

パークで身に付けたいグッズを見つけよう！

イベントに連動のグッズやカチューシャなどを販売。パークで身につけたいアイテムがそろう。

―おすすめグッズ―
エルモのカチューシャ
…1700円

自分用
イベントがもっと楽しくなるグッズ

イベントの時にぜひ身につけてほしいのが、このショップのアイテム。テンションがMAXに上がりますよ！(香川県／20歳／手袋)

雰囲気
ブティックみたいなおしゃれなショップ

マネキンがディスプレーされていて、ブティックのような店内。キャラクターTシャツが充実してるよ。(大阪府／27歳／マリ)

ハミ出し情報　「ハリウッド・パーティ」にはキャラクターがデザインされたTシャツなども販売しているので、着替えが必要になったときに利用してみては？(島根県／38歳／ミトコンドリア)

ハリウッド・エリア

シネマ 4-D ストア

Map 15

期間限定イベントグッズが充実

ユニバーサル・スタジオ・シネマ 4-D の出口に直結したショップ。イベントグッズがズラリ。

――おすすめグッズ――
Tシャツ…3600 円

 **おみやげ アトラクションと連動したレアグッズも！**

シネマ 4-D で期間限定のアトラクが開催されていると連動したグッズが登場するよ。限定品はおみやげにも最適。（山梨県／ 26 歳／樹）

 **自分用 セサミグッズもちゃんとあります**

私がこのショップに行った時は、セサミグッズもちゃんとあったよ。エルモのぬいぐるみをゲットしました。（埼玉県／ 19 歳／私のボニー）

スペース・ファンタジー・ステーション

Map 16

パークで使えるオシャレグッズを販売

キャラクターモチーフのカチューシャやTシャツなど身に付けアイテムが中心に並ぶ。

――おすすめグッズ――
カチューシャ…1700 円〜

 **雰囲気 のんびり買い物できる穴場のショップ**

ちょっと離れた場所にあるショップだから、USJ では珍しく、ゆっくりとグッズが選べる穴場的なお店ですよ。（沖縄県／ 29 歳／シーサー）

 **おみやげ サンフェアリーはレア・キャラかも**

オリジナルキャラのサンフェアリー目当てで行ったけど、前に比べて少なくなってました。希少価値が出るかも？（広島県／ 18 歳／オタク）

ハミ出し情報 以前、「スペース・ファンタジー・ステーション」がドリカムとコラボしていた時は、キャラクターをあしらったTシャツも売っていたよ。（京都府／ 43 歳／放哉と山頭火と）

アメージング・アドベンチャー・オブ・スパイダーマン・ザ・ライド 4K3D

 屋内 ライド アクティヴ派 カップル 友人同士

Map ⑥

ニューヨーク・エリア

スパイダーマンと同じ目線でビル街を飛び回る！リアルな 3D 映像＋特殊効果の大迫力ライド

攻略術！

入場

16時頃までは長蛇の列だが、開園直後にダッシュするとほぼ待ち時間なしで乗れる。夕方以降を狙うのもおすすめ。

座席

最前列中央なら大迫力。両端は激しく動く。進行方向向かって左は落ちる感覚が強く、最後列ならより世界に入り込める。

撮影

スパイダーマンが写真を撮るところはフェイク。本当の撮影ポイントは、黄色い悪役がライドを攻撃してくるところだ。

Data

身長制限：**122cm 以上**
（付き添い者同伴の場合は、102cm 以上）
定　　員：**12名**　　所要時間：約5分

🕐 **待ち時間の目安**
平日：**80分**
休日：**120分**

 ハミ出し情報　ライドフォトはあんまり買わないんだけど、「スパイダーマン」の写真は英字新聞風のおしゃれなフォトフレームに入っていたので思わず買っちゃいました。（愛知県／ 25 歳／鯛焼きおくれ）

お楽しみPOINT

通路 新聞社のセットにテンションUP！

新聞社を再現した待合通路は、電話が鳴ったり、フェイクのカメラが置いてあったりと芸が細かい。スクリーンで流れる開発中の取材車両「スクープ号」の解説も面白いから見逃さないで！（北海道／21歳／サスケ）

前半 思わず声が出ちゃう登場シーン

突然スパイダーマンが現れてびっくり！ ライドの揺れと超リアルな映像がシンクロして、本当にそこにスパイダーマンがいるみたいだった！友だちは声を上げて驚いてました（笑）。（和歌山県／18歳／bobo）

特殊効果 敵との壮絶バトルがすぐ目の前で！

100種類を超える特殊効果が使われているって聞いてたけど、想像以上に凄かった！ 光や音だけじゃなく、炎や煙、水などあらゆるものがリアルすぎて、大人でもかなり楽しめました。（福井県／43歳／パパ太）

水しぶきも かかる！

トリビア

繊細な動きのライドは宇宙仕様!?

なんと、ライドはスペースシャトルを手がけた企業がつくったらしい。お金かかってそ〜！（大阪府／27歳／おっとと）

グッズinfo

スパイダーマンのマスク

アトラクションの興奮冷めやらぬうちにコスプレを！ これさえ被ればスパイダーマン気分。

ココで買える！ アメージング・スパイダーマン・ストア → P99

ターミネーター 2:3-D

屋内　ライド　アクティヴ派　友人同士　カップル

Map ⑦

ニューヨーク・エリア

綾小路麗華の毒舌トークが超話題！
3D映像×スタントで体験するサイバーバトル

攻略術！

入場

午前中から午後の早い時間は大混雑。夕方以降が狙い目。入れ替え制なので、次回に入れるかクルーに確認するのもアリ。

プレホール

綾小路麗華のトークまでに、プレホール右側に移動すると座席を選びやすい。前方狙いなら右前方、後方狙いなら後方へ。

座席

キャストの演技やスタントを間近で観たいなら、前方の座席。映像をすみずみまで観たいなら、後方の座席がおすすめだ。

Data
身長制限：なし
定　員：750名
所要時間：約30分

🕐 **待ち時間の目安**
平日：**30分**　休日：**40分**

  戦闘シーンが多いので、小さな子どもには刺激が強いかも。もしも怖がるようなら、3D映像用のゴーグルを外してあげるとまだマシかな…。（群馬県／31歳／千恵ママ）

お楽しみPOINT

プレホール 綾小路麗華のプレショーで大爆笑

綾小路麗華のツッコミはこれぞ大阪っていうノリで、いつ聴いても笑える！　絶妙なトークで絶対に拾ってくれるから、思い切って手を挙げてみて。楽しい思い出ができるはず！　（熊本県／31歳／目パチ子）

3D 思わず仰け反る超立体映像に注目

巨大な画面の3D映像は、本当に物が飛んできているような錯覚に陥ってビクビクしてしまうほど！　現実だったら確実に死んでるなっていうシーンばかりで、ターミネーターの凄さを実感。（三重県／20歳／D）

演出 驚きの仕掛けで最後まで大興奮！

スクリーンの中のターミネーターがステージ上に突然飛び出してきてびっくり！　クライマックスには画面が3面に広がったり、驚きの仕掛けがあったり…。最後まで楽しませてくれました。（山形県／26歳／蝶）

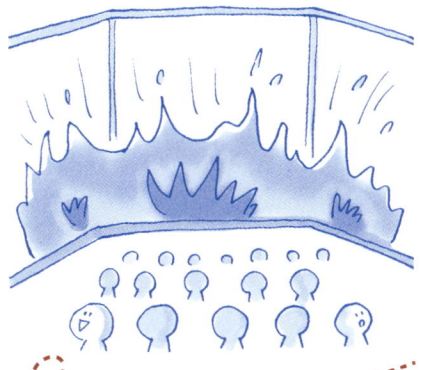

トリビア 多くの芸人も絶賛するトーク

綾小路麗華の客いじりはTV「アメトーーク！」でも大絶賛されてた。リピーター率も高いらしいよ。（徳島県／19歳／こにたん）

グッズinfo

モールドパッケージクッキー

近未来的なドクロの容器に入ったクッキー。インパクト大で、小物入れにも使える。

ココで買える！ ユニバーサル・スタジオ・スーベニア

➡ P98

優先
案内可

フィネガンズ・バー&グリル

洋食

ファミリー デート

Map ⑤

多彩なアルコール類とお酒に合うフード類が充実

名物のオニオンブロッサムは
グループでシェアするのに
最高!

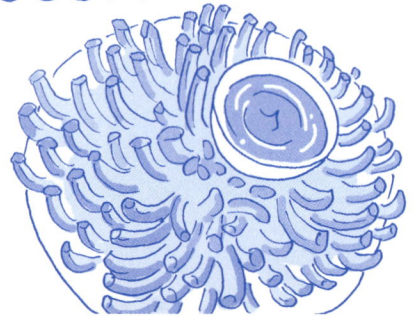

ビールやウイスキー、多種多様なカクテルを取り揃えたアイリッシュ・パブ。フィッシュ&チップスをはじめお酒に合うフードが充実している一方、純粋なお食事どころとしてファミリーで利用することも可能だ。

─── メニュー例 ───
フィネガンズ・ステーキ・セット… 2300円
フィッシュ&チップス… 940円
オニオンブロッサム… 1140円
生ビール…………… 530円〜

20代女子

お酒が飲めない人も気兼ねなく入れる!

玉ねぎを丸ごと揚げて花びら型にした、USJ名物のオニオンブロッサムを食べたくて入りました。お酒が飲めない自分には、お酒を頼まなくてもいい雰囲気なのがうれしい!
(兵庫県/25歳/まりちん)

30代男子

アルコール類のメニューがかなり充実している

思っていた以上にアルコール類の品ぞろえが本格的で、酒好きにはいいかも。生ビールをハーフヤードで頼んだら、ラッパのような長いグラスで出てきてテンションが上がった!
(35歳/山形県/もんべぇ)

Data

キッズメニュー

低アレルゲンメニュー

アルコール

テラス席

シート席

座席
240席

予算
約2300円

ハミ出し情報
テーブルオーダーなので落ち着いて食事できます。フードは結構ボリュームがあるので、仲間でシェアするといいかも。ソーダブレッドというパンは食べ放題!(岩手県/45歳/takana)

ルイズ N.Y. ピザパーラー

パスタ
ピッツァ

ファミリー　友人同士

Map ⑥

カジュアルなイタリアンを広い店内で味わえる

パスタやピッツァを中心にカジュアルなイタリアンフードを楽しめる。デザートやアルコール類も充実したメニューや、映画『ゴッドファーザー』をモデルにした広い店内は、あらゆる客層に対応可能だ。

ピッツァは ホールでも ピースでも OK！

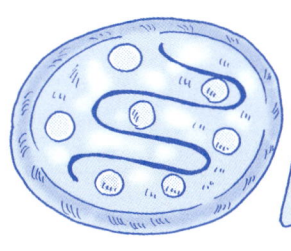

―― メニュー例 ――
ビールコンボ………… 1380 円
ペパロニ・ピッツァ（スライス／ホール）　570 円／ 3640 円
ボロネーゼ…………… 1100 円

10代女子
グループで来た時はお得なホールを

ピッツァをホールで頼んで、友達と３人でシェア。スライスで頼むよりお得感があるので、グループで来た時にはオススメです。スイーツメニューがあるのも女子にはうれしいです。（和歌山県／ 17 歳／ぺこ）

20代男子
あちこち歩き回って小腹が空いた時に最適

小腹が空いたので、さくっと食べられるピッツァのスライスやライスコロッケを注文。それと一緒にビールをあおればもう最高！　あちこち歩き回った疲れが一気に吹き飛んだ。（29 歳／鳥取県／ masa2）

Data
 キッズメニュー
 低アレルゲンメニュー
 アルコール
 テラス席
 シート席
 座席 480席
 予算  約1700円

ハミ出し情報
「キッズ・ピッツァセット」にはピッツァ、ライスコロッケ、アメリカンドッグが入っていて子どもが大よろこび！　大人はピッツァを注文しました。（熊本県／ 38 歳／まーさん）

優先
案内可

和食

SAIDO

ファミリー　友人同士

Map ⑦

ニューヨーク・エリア

スタイリッシュな空間で USJ唯一の和食に舌鼓

オリエンタルな
雰囲気が楽しい！

マンハッタンのアパートメントをイメージした外観を持つ、USJ唯一の和食レストラン。蒸し物、揚げ物、うどん、寿司など、いろんな日本食を使ったセットメニューの数々は、高齢者やお子様にもオススメ。

---メニュー例---

牛ステーキと握り寿司御膳
…………………… 2440円

松花堂御膳………… 2840円

デザート各種………300円〜

30代女子

セットメニューで いろんな和食が楽しめる

ここはセットメニューが充実していて、いろんなものを少しずつ食べたい人に最適。優先案内サービスを利用できるので、ストレスなく訪ねられるのもいいですね。（宮崎県／33歳／カカオ）

ファミリー

親子三代で楽しめて サービスも満点

じいじ、ばあばが一緒の時はここに。ちっちゃい子どもがよろこぶメニューもあるので、重宝しています。値段は高めですが、日本茶を無料で頼めたりと、サービスには満足です。（28歳／滋賀県／さくな）

Data

キッズメニュー

低アレルゲンメニュー

アルコール

テラス席

シート席

座席
180席

予算
約2800円

ハミ出し情報　「SAIDO」の店内には大きな浮世絵がディスプレイされていて、かつニューヨーカーになった気分で和食を食べられる不思議な空間でしたね。（群馬県／38歳／ミネストローネ）

石窯ピッツァ

優先
案内可

アズーラ・ディ・カプリ

友人
同士　デート

Map ⑧

石窯で焼くピッツァの味はかなりの本格派！

看板メニューはピッツァ類で、注文を受けてから生地を伸ばし、石窯で焼くという本格派。青の洞窟をイメージした店内も魅力的で、オープンキッチンでシェフがリズミカルに調理する様子を楽しむこともできる。

青の洞窟をイメージした
落ち着ける 雰囲気

─── メニュー例 ───
ピッツァ アズーラ（4 種のチーズと生ハムとルッコラのピッツァ 黒トリュフ添え）…… 2840 円
カプレーゼ…………… 1940 円

20代男子

本格的な味と雰囲気のイタリアンレストラン

ピザは石窯で焼いているので、カリッと香ばしくて美味しい。内装もおしゃれで、店内の雰囲気も抜群。テーマパークというより、街にある本格的なイタリアンレストランに来た気分だった。（群馬県／ 26 歳／ぶぶかん）

30代女子

エビ好きに◎な「トレガンベレッティ」

肉類が苦手な友人と一緒だったので、3 種のエビのピッツァがあるのがうれしかった。頼んだピザにはエビがぜいたくに乗っていて、さらに生地が美味しいのでバクバクいけちゃいました。（神奈川県／ 31 歳／ズンコ）

Data

キッズ
メニュー

低アレルゲン
メニュー

アルコール

テラス席

シート席

座席
146席

予算
約2700 円

ニューヨーク・エリア

ハミ出し
情報　優先案内サービスを利用したので、それほど待たされなくてよかった。時期によっては 15 時前に閉めてしまうらしいので、行く前に調べておくといいかも。（長野県／ 49 歳／てんてん）

95

優先案内可

ステーキ

パークサイド・グリル

ファミリー　デート

Map ⑨

眺めのいい優雅な店内で本格的なグリル料理を

店内奥、セントラルパークが眺められる席がおすすめ

セントラルパークの美景を望むお城のような店内で、ビーフステーキ、グリルチキンなどの本格グリル料理が楽しめる。コースメニューがメインなので、家族や仲間とゆっくり食事を楽しみたい時に最適。

── メニュー例 ──
エイジングステーキコース…4000円
ノルウェー産サーモン マッシュポテト、
ブレッド付 ……………… 2200円
エスプレッソ…………………410円

30代男子

味と雰囲気が抜群で値段が高くても納得！

USJにある他の店と比べてお値段は高めだけど、味と店内の雰囲気は最高！ パンやソフトドリンクがおかわり自由で、店員のサービスもいいので、値段以上の満足感がありました。（富山県／36歳／FiFi）

ファミリー

きめ細かなサービスで子どもも大喜び

店員さんのサービスに感激！ "美味しくなる魔法の粉"を目の前でかけてくれたり、スイーツ用のソースでスヌーピーの絵を描いてくれたりしました。もちろん子どもたちは大よろこび！（岡山県／40歳／桃次郎）

Data

キッズメニュー

低アレルゲンメニュー

アルコール

テラス席

シート席

座席

予算

170席　　約4000円

ハミ出し情報

園内をあちこち歩き回って、疲れた時は「ここ！」と決めています。比較的空いているし、テーブルサービスなのでゆっくり身体を休めることができますよ。（愛媛県／46歳／マチルダ）

アメージング・スパイダーマン・ストア

 混雑注意  専門店 雨具あり

 スパイダーマングッズ

Map 17

バリエ豊富なスパイダーマングッズ

定番商品からかぶり物まで、スパイダーマングッズが充実。アトラクションに直結している。

―おすすめグッズ―
スパイダーマンのマスク…2900円

 おみやげ
女子に人気のスパイダーマンも

かわいくデフォルメされたスパイダーマングッズは、女の子の大好物。中学生の娘にいつもおねだりされています。（埼玉県／47歳／パスタ）

 雰囲気
スパイダーマンと記念写真

店内のプリクラマシーンで、スパイダーマンフレームで撮影できた。オリジナルデザインだから、思い出になったよ。（富山県／16歳／サラ）

ワンダーピックス

 混雑注意 専門店 雨具あり

 コンピューター合成写真

Map 18

ゴージャスなドレスで写真撮影を

記念撮影のサービスを行う店。ドレスレンタルやヘアメイクものサービスも。当日予約が必要。

―おすすめグッズ―
ドレスフォト…4900円

 自分用
お姫様気分でドレスで撮影

結婚写真が着物だけだったので、一度はやってみたかったドレスでの写真撮影。ここで夢がかないました。（高知県／34歳／プリンセス）

 雰囲気
家族みんなの衣装がそろう

女の子用のドレスはもちろん、男性用や男の子の衣装もあります。わが家は家族みんなで記念写真をとりました。（宮城県／39歳／元ギャル）

 ハミ出し情報 人気が高い「ワンダーピックス」の撮影。予約が埋まって、撮影できなくなることがあるかもしれません。インパしたら、早めに予約をした方がいいですよ。（神奈川県／47歳／新人女優）

ユニバーサル・スタジオ・スーベニア／シネマギャラリー

 混雑注意　専門店　雨具あり　Map 19

 イベント関連グッズなど

ニューヨーク・エリア

イベントグッズとスターのサインを

「ユニバーサル〜」はイベントグッズを、併設の「シネマギャラリー」はサインなどを販売。

――おすすめグッズ――
アソートクッキー
…1800円

 自分用
人気ランキングでおみやげを決めよう

パークの売れ筋がわかるグッズの人気ランキングを紹介しているので、何を買うか迷った時に参考にしています。（岐阜県／31歳／プランナー）

 自分用
お宝サインを手に入れよう！

ハリウッドスターの直筆サインが販売されているなんて、びっくり！ジョニデのサイン、ほしいなー。（青森県／24歳／レッドカーペット）

ミニコラム
宅配サービスの利用

大量におみやげを買っても安心

パークでの買い物が大量になってしまった人にオススメするのが、「ホームデリバリーサービス」、すなわち宅配サービスの利用だ。USJでは日本郵便の「ゆうパック」を利用できて、ゲート外「スタジオ・ギフト・イースト」内の「ホームデリバリー・カウンター」にて受け付けている。梱包用の箱も販売していて、テープなどの道具も貸してもらえるぞ。また、「ユニバーサル・スタジオ・ストア」でも、14時まで受け付けている。

口コミ情報

たくさんのお土産を抱えて、電車で大阪の中心部まで出るのは結構キツい！宅配便で送っちゃえば、移動も断然ラクになります。（東京都／21歳／刑事ヨロシク）

 ハミ出し情報　「シネマギャラリー」で販売されるものの中で、一番高いのは440万円もするらしい…。パークの中で、一番高い商品を売っている場所だよね。誰が買うのかな？（大阪府／18歳／ピース）

雨の日の USJ の過ごし方

屋内アトラクションが多いから 雨の日でも安心！

　USJにせっかく来たのに、あいにくの雨降り…。もしそんな場合でも、決してくさることなかれ。USJ は屋内アトラクションが多く、雨の日でも運休するものは少ない。だからどうせなら、「珍しい雨の USJ を体験しているんだ！」ぐらいの、ポジティヴな気持ちで過ごすようにしよう。

　路上で行われるアトモスフィア・エンターテイメントや、ナイトパレードは中止になる可能性も高いが、その代わりに出演キャラクターが挨拶に出てくる特別なグリーティングが開催される場合もあるようだ。ショー自体が観られないのは残念だが、グリーティングは雨の日しか体験できない特典。グリーティングの場所などは、周辺のクルーに尋ねれば教えてくれるはずだ。また、屋外の「ハリウッド・ドリーム・ザ・ライド」なども中止になる可能性は高いが、そのぶん、買い物などに時間を費やすのも楽しいだろう。

　ちなみに雨の日は、できるだけ手荷物は少なくしたい。大きな荷物はコインロッカーに預けたり、傘ではなくカッパやポンチョにすると、アクティヴに動き回りやすいぞ。

ハミ出し情報　ハリウッド・エリアのショップは店内で隣同士が繋がっているし、外に出てもキャノピーがある。だから雨の日でも買い物しやすいよ。（和歌山県／ 29 歳／ライクアローリンストーン）

バックドラフト

Map ⑨

屋内 / ショー / 感動派 / 友人同士 / カップル

**火災現場の恐怖を肌で感じられる
エキサイティングなショーアトラクション**

サンフランシスコ・エリア

攻略術！

タイミング

水濡れ系アトラクションで服が湿ったときはここ！　目の前に上がる火柱の熱風で、まぁまぁ乾かすことができる。

列

並んでいる間の列がそのまま、ショーを見るときの列となる。右列に並ぶと前列、中列なら中列、左列なら後列だ。

年齢

爆発音や火柱は大人でも恐怖を感じるほど。乳幼児にはトラウマになっちゃうかも？　親はフォローをしっかりと。

Data
身長制限：なし
定　　員：240名
所要時間：約20分

🕐 **待ち時間の目安**
平日：**20**分　休日：**40**分

ハミ出し情報　普段は見られない消防署内のようなセットに、6歳の息子は興味津々！　第3シーンも最後列から見たので、そこまで怖くはなかったようです。（山梨県／31歳／小吉）

前半 事前情報を入手する
第1シーン

スクリーンに映画『バックドラフト』のロン・ハワード監督が登場し、"バックドラフト現象"の説明や、映画の撮影秘話を披露。導入部分だけど、この映画のファンとしては貴重な時間でした。(奈良県／42歳／)

中盤 特殊効果を知る
第2シーン

第2シーンは、撮影リハーサル現場を見学するような設定だった。実際に映画の火災シーンで使われた特殊効果は40以上あるらしい！　映画作りって奥が深いんだなぁ。(島根県／29歳／S監督)

後半 大火災に遭遇する
第3シーン

やっぱり見どころは、最後の大火災。ものすごい熱風や爆発音とともに火柱が上がる様子は、迫力を通り越して恐怖だった。絶対に火事にならないよう気をつけようと思いました。(愛知県／18歳／藤)

サンフランシスコ・エリア

トリビア

ガス代が
高いらしい…

あのショー1回に使用するガス代は、家庭の1年分ほどだというウワサが！　まぁそれも納得かな。(大阪府／28歳／ナチョス)

キャラ info

ロン・ハワード監督

冒頭に登場するロン・ハワードは、この『バックドラフト』以外にも、『アポロ13』や『インフェルノ』なども手掛けたハリウッドを代表する映画監督。元々は俳優で、名作『アメリカン・グラフティ』などに出演した。

ハミ出し
情報
冬の寒い時期にUSJに来たら、空いている夕方頃に必ず「バックドラフト」に入ります。一気に体が暖まって生き返る〜！　(高知県／32歳／カツオちゃん)

ハピネス・カフェ

Map ⑫

洋食

ファミリー　友人同士

ポップ＆カラフルな店内でカレーやパスタなどを楽しむ

ハッピーな気分になれる装飾が施されたカフェテリア形式のカフェ。メインメニューは、オムカレー、パスタ、チキン、ハンバーガーで、すべてにドリンクバーが付いてくる。スイーツ類も充実。

─ メニュー例 ─

ミニオン・オムカレー・プレート … 1690 円～
キッズカレー…………… 990 円
ミニオン・ロールケーキ … 600 円
生ビール………………… 75s0 円

ファミリー

子どもが笑顔になるミニオンモチーフのフード

ミニオンフェイスのバンズがカワイイ、ハンバーガーに娘も大興奮。見た目もさることながらボリュームもあるので食べ盛りの子どもがいるファミリーに推薦したい。(埼玉県／ 21 歳／バルーン)

10代女子

かわいいスイーツでテンションが上がる！

スイーツにもドリンクバーが付いているのがうれしい！　盛りつけがかわいいし、店内も明るくてにぎやかな雰囲気なのでテンションが上がった。友だちと一緒に行くと楽しいよ！(大阪府／ 16 歳／プチトマト)

Data	キッズメニュー	低アレルゲンメニュー	アルコール	テラス席	シート席	座席 	予算 
						270席	約1500 円

ハミ出し情報　キュートな外観とミニオンメニュー＆ドリンクバーに惹かれて入店。晴れた日はテラス席がオススメです。ラグーンに面しているので、開放感は抜群ですよ。(福岡県／ 23 歳／ KENYA)

軽食

ワーフカフェ

友人同士　デート

Map ⑬

ちょっとした休憩に使える 完全屋外のカフェ

サンフランシスコのスタンドをイメージした、完全屋外のカフェ。「アメリカン・ホットドッグ」をつまみながら、ソフトドリンクやビールを飲めば疲れた身体も回復。アトラクションの合間の休憩に最適だ。

港町のようなラグーンの
景色を眺めて食事

── メニュー例 ──

アメリカン・ホットドッグ…550円
ソフトドリンク………320円〜
ホットコーヒー…………320円
ホットチョコレート……410円

サンフランシスコ・エリア

20代男子

アトラクション重視でさっと飲食したい時に便利

ひとつでも多くのアトラクションを回りたいので、さっと飲食できるこのカフェが便利。サンフランシスコ風の雰囲気がいいし、席取りのストレスもないので気に入っています。
（広島県／27歳／SELFI）

30代女子

軽食とドリンクだけでも食べごたえあり

他のお店のように混雑して長時間待たされることがないので、気軽に利用できます。軽食とドリンクだけのお店ですが、「アメリカン・ホットドッグ」は食べごたえありますよ。
（奈良県／31歳／よしもん）

Data

キッズメニュー

低アレルゲンメニュー

アルコール

テラス席

シート席

座席
60席

予算
約1000円

ザ・ドラゴンズ・パール

中華

ファミリー

友人同士

Map ⑫

中華の人気料理を組み合わせた セットメニューが充実

コンボ形式で料理を 組み合わせられる

サンフランシスコの中華街にある中華料理店をイメージしたレストラン。チャーハンもしくは焼きビーフン、サイド2品、中華コーンスープを組み合わせたコンボが主な食事で、アルコール+おつまみのセットもある。

━━━ メ ニ ュ ー 例 ━━━
ワンボックス・コンボ
　〜チャーハン〜 ……… 1450円
ドラゴン・キッズ・セット … 990円
ビールコンボ…………… 1160円

サンフランシスコ・エリア

ファミリー 品数とボリュームに 子どもも大人も大満足

チャーハン、エビフライ、春巻き、カボチャサラダ、スナック、オレンジジュースが入ったドラゴン・キッズ・セットには子どもも大喜び。大人用メニューもボリュームがありました。(愛媛県／39歳／もりもり)

10代男子 アメリカンテイストな 中華メニューが面白い

いかにもアメリカにありそうなチャイニーズレストランという雰囲気が好き。コンボを頼むと料理がボックスに入っていて、アメリカ映画に出てくる持ち帰り中華のようで面白かった。(佐賀県／19歳／よっしー)

Data

キッズメニュー	低アレルゲンメニュー	アルコール	テラス席	シート席	座席	予算
					200席	約2000円

ハミ出し情報 2段重ねのボックスに入った料理は、味が意外と本格的でうれしい驚き！ ラグーンが見えるテラス席でわいわいしゃべりながら食べるとさらに美味しくなるよ。(岐阜県／30歳／JIN)

ロンバーズ・ランディング

限定
オープン

ファミリー　友人
同士

Map ⑮

イベントと連動して
限定オープンするレア店！

ハロウィンやクリスマスなどのイベントに合わせて期間限定で営業するイタリアンビュッフェレストラン。夏の人気マンガ「ワンピース」イベント時は、「サンジの海賊レストラン」に姿を変える。

フィッシャーマンズワーフの
おしゃれな 雰囲気が最高！

―― メニュー例 ――

大人……………………… 4800 円
子ども（4 〜 11 歳）… 2400 円

サンフランシスコ・エリア

めったに開かない
激レア・レストラン

30代男子

基本的に、普段はクローズしていて、期間限定でオープンしている。かなり雰囲気が良くて味も本格的なお店なので、オープンしている時は絶対に体験しておきたいレストランです。（大阪府／34 歳／エマーソン）

期間限定ビュッフェの
利用方法は 3 通り

20代女子

限定ビュッフェ開催時は、公式サイトで 2 日前までにチケットを買うか、電話予約して当日支払うか、当日お店に直接行くか、その 3 通りでした。利用法は変更の可能性大なので公式HP で確認を。（京都府／ 22 歳／夢）

Data キッズメニュー 低アレルゲンメニュー アルコール テラス席 シート席 座席 予算

270席 約 5000 円

サンフランシスコ・キャンディーズ

Map 23

ミニオングッズが店内にズラリ！

カワイイミニオングッズが充実するショップ。パークで身に付けたいアイテムの品数も豊富。

――おすすめグッズ――
タンブラー付 プチワッフル
（8個入り）　…1300円

サンフランシスコ・エリア

 雰囲気
かわいいワッフルの製造過程が見える

店内では、専用の機械でミニオンのワッフルが次から次へとできていく様子が眺められます。見飽きないです！（北海道／30歳／ミック）

 おみやげ
おみやげにしたいミニオンのおやつ！

ミニオンのプリントクッキーやアソートクッキーはパッケージデザインもキュートでリーズナブル。おみやげに最適。（香川県／20歳／アリサ）

ミニコラム
ショッピングのコツ

事前に大型の総合店をチェック！

USJではショッピングもお楽しみのひとつ。だけどたくさんの買い物を抱えてパークを回るのはツライ。実はUSJで売っているグッズは、特定のお店でしか買えないものもある一方で、複数のお店で販売しているものも多い。まず入園したら、ゲート近くに固まっている大型の総合ショップにどんなものが置いてあるかチェックしておこう。そこで買えるグッズは、わざわざ他のお店で買わずに、退園直前にまとめて買うのがオススメだ。

口コミ情報
ハリポタのグッズは、"ハリポタ"・エリアでしか買えないと思ったら、「ビバリーヒルズ・ギフト」にも置いてあった！　最初に確認しとくべきだったよ。（佐賀県／18歳／キスク）

 ハミ出し情報
「サンフランシスコ・キャンディーズ」のワッフルはかわいいタンブラーに入っています。おうちに持ち帰って大切に飾っていますよ～。（岩手県／25歳／お茶は緑茶派）

ライド中の写真を思い出に！

ライド中の絶叫写真が買える アトラクションは４つ！

　USJのアトラクションの中には、ライド中、知らず知らずのうちに撮影されて、その写真を購入することができるものがある。どれも特製のカッコいいフォルダーに入れてくれるので、USJ来園の思い出の品として最適だ。

　ライド中の撮影サービスがあるのは、2018年3月現在、「ハリー・ポッター・アンド・ザ・フォービドゥン・ジャーニー完全版」、「アメージング・アドベンチャー・オブ・スパイダーマン・ザ・ライド 4K3D」、「ジュラシック・パーク・ザ・ライド」、「ザ・フライング・ダイナソー」の４つ。どれも絶叫系なので、普段の生活では絶対にしないであろう、かなりいい表情？が撮れるはずだ。

　写真購入の流れとしては、アトラクション終了後に、それぞれ写真を確認できる場所があり、そこでモニター上の写真を見て、買うか買わないかを決める。もちろん、ただモニターを確認するだけで、買わなくても問題ない。

　購入する場合は、それぞれ専用のカウンターに申し出て、購入しよう。最終的に、各アトラクションごとに異なる、カッコいいデザインのフォルダーに入れて渡してくれる。

Eパス　シングルライダー　チャイルドスイッチ

ジュラシック・パーク・ザ・ライド

ライド　水漏れ　アクティヴ派　友人同士　カップル

Map ⑩

ジュラシック・パーク

肉食恐竜 T-レックスの出現で絶体絶命！急降下のスプラッシュ・ダウンで大脱出

攻略術！

入場

パーク最奥なので、朝イチやパレードの時間は空いていることが多い。夕方以降や夜、特に水・木曜の17時ごろが狙い目。

座席

どの席も水濡れするが、最前列は特にずぶ濡れに。両端も顔面あたりにまともにくらう。唯一3・4列目中央は比較的まし。

撮影

ライドフォトの撮影ポイントは、T-レックスが現れた直後の右上。恐竜デザインのかっこいいホルダーに入れて販売される。

Data

身長制限：**122cm 以上**
（付き添い者同伴の場合は、107cm 以上）
定　　員：**25名**　　所要時間：**約7分**

待ち時間の目安
平日：**50**分
休日：**70**分

ハミ出し情報　乗車中に出てくる恐竜は全部で8種類なんだよ。恐竜に詳しくなくてもアナウンスでレクチャーしてくれるから安心して冒険に出発しよう！（大阪府／27歳／リリー）

お楽しみPOINT

周辺 エリア内は化石探しも楽しい！

このエリアは再現度が特にスゴイ！そこら中に恐竜の足跡や、貝や葉っぱの化石があります。自動販売機を囲む岩の中で、コカ・コーラまで化石になってて、思わず笑っちゃった～。（大分県／27歳／樹）

前半 ジュラ紀にタイムスリップ！

ボートに乗って原生林の中の水路を進むと、プシッタコサウルスや親子のステゴサウルス、水浴びをするウルトラサウルスなど、たくさんの恐竜たちが！　夫と息子の目が輝いてました。（長野県／36歳／葉ママ）

後半 傾斜51度約26mのダイブ

まじでドキドキ感がヤバイ！　最後のスプラッシュ・ダウンは、息が止まりましたよ！　3m以上の水しぶきで膝あたりまでずぶ濡れになったけど、それも含めて楽しかったです。（静岡県／24歳／チハヤ）

スプラッシュ・ダウン直前の瞬間の写真は購入可！

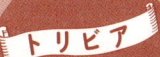

トリビア

夜のライドは一味違うムードに

夜は恐竜やジャングルがライトアップされていて、また違った雰囲気に。お昼よりも怖かったです。（岩手県／20歳／YUU）

グッズinfo

恐竜のフィギュア

アトラクションで目にした恐竜をフィギュアでお持ち帰り。お家でジュラ紀を再現しよう。

ココで買える！ ジュラシック・アウトフィッターズ
→ P115

ジュラシック・パーク

Eパス｜シングルライダー｜チャイルドスイッチ

ザ・フライング・ダイナソー

ライド｜アクティヴ派｜友人同士｜カップル

Map ⑪

ジュラシック・パーク

プテラノドンにうつぶせに吊るされて猛スピードで回りながらアップ＆ダウン

🎬 攻略術！

入場

大人気で常に混雑している。通路はほぼ半分が屋外なので、暑さ＆寒さ対策はしっかりと。また、乗車までにポケットの中は空にしよう。

距離

コース全長1124mという長さ！ これはUSJ調べで世界最長だという。さらに途中でトンネルに突入する！

高低差

最大の落下高度は、何と37.8m！ しかも決して座って安定した状態でなく、立って落ちるのだから、スリルは何倍にも！

Data
身長制限：132cm以上198cm未満
定員：32名
所要時間：約3分

🕐 待ち時間の目安
平日：**240**分
休日：**360**分

ハミ出し情報　ライド中の写真を買うことができます！　プテラノドンが立体的に飛び出す特製フォルダーもカッコ良くて、いい記念になりますよ。（秋田県／33歳／イタチのくさー平）

お楽しみPOINT

ライド プテラノドンの雄姿に萌え〜！

ライドのデザインは、まるでゲストがプテラノドンに吊るされるようなユニークな見た目なんです。でも、一心に空を見上げる、プテラノドンの姿がカッコいいので乗る前によく見て！（東京都／24歳／ベキコ）

乗り方 座るのではなくうつぶせ状態

ライド中は、直立したうつぶせ状態。座るライドと違って、踏んばれないからメチャクチャ怖い！　彼女が隣にいるのも構わず、絶叫しまくってしまった…。超楽しかったけどネ。（熊本県／25歳／ヒーロー）

ライド中 途中で回転した時はあお向け状態に！

立った状態のままだから、回転した時は一瞬、あお向けみたいな状態になるんだよね！　これがスリル満点！　あと、コースターには慣れた僕でも、かなり動きが予測不可能でした。（北海道／32歳／つかさ）

途中で 回転した時は あおむけ状態 に！！

トリビア プテラノドンはどんな恐竜？

プテラノドンは中生代白亜紀後期の恐竜。「ディスカバリー・レストラン」に骨格標本があるよ。（埼玉県／15歳／マツ）

グッズinfo

恐竜カツ

スリルを存分に堪能したら、ドでかいカツを豪快にかじってお腹を満たしてみては？

ココで買える！ ジュラシック・アウトフィッターズ
→ P115

フォッシル・フュエルズ

ジャングルの中のテラスで フライド・パンケーキを堪能

サク & フワ食感が たまらない 『フライド・パンケーキ』

「ジュラシック・パーク・ザ・ライド」の入口付近にあるスナック・スタンド。緑豊かなジャングルの中をイメージしたこのお店では、パンケーキやソフトクリーム、ドリンク類を購入してテラス席で食べられる。

─── メニュー例 ───

フライド・パンケーキ（ホットキャラメルソース 焼きマシュマロ／ホットキャラメルソース ソフトクリーム）…… 各500円
ホットコーヒー…………320円

ラグーンの見える テラスで疲れを癒す

30代女子

屋根が付いたテラス席からはラグーンが見えて雰囲気が良く、アトラクションで疲れた身体が癒されました。店自体が目立たないせいか、あまり混んでいなくてゆっくりできましたね。（山形県／33歳／ぐり坊）

ちびっ子も大好き！ フライド・パンケーキ

ファミリー

揚げたドーナツのようなサクサクのパンケーキにソースやソフトクリームをトッピングしたスイーツ。アツアツ×ひんやりが絶妙なハーモニー！ うちの子も好きすぎて私にくれない。（岩手県／30歳／のびた）

	Data	キッズメニュー	低アレルゲンメニュー	アルコール	テラス席	シート席	座席	予算
							75席	約1500円

ハミ出し情報 トロピカルな雰囲気が好きで、よく利用しています。夏はここのソフトクリームがたまらなく美味しい！ 冬期は閉鎖していることがあるので、事前に確認を。（兵庫県／26歳／KBKB）

ジュラシック・パーク

ディスカバリー・レストラン

肉料理

ファミリー　デート

Map ⑰

恐竜の骨格標本が迎えてくれる
ワイルド肉料理のレストラン

映画『ジュラシック・パーク』のビジターセンターを再現。映画さながらに T-REX の骨格標本を展示してムードを盛り上げている。ハンバーグやチキンサンドなどの肉料理や、スイーツやアルコールが充実。

巨大な骨格標本は USJ 名物!

─── メニュー例 ───
ジュラシック・ハンバーグセット
……………………… 1590 円
探検隊ジュニア・セット………1200 円
ボルケーノ〈大噴火〉ケーキ…1800 円

ジュラシック・パーク

ファミリー

店も料理も恐竜づくしで
息子が大よろこび!

恐竜が大好きな 8 歳の息子は、骨格標本を見てテンションが急上昇。さらに、探検隊ジュニア・セットの恐竜の足跡を見て狂喜乱舞していました!　男の子には天国のような店ですね。(島根県／37歳／avecbebe)

20代男子

ワイルドな盛り付けに
食欲が刺激された

ワンプレートメニューの盛り付けがワイルドで、肉の存在感がスゴイ!男子の胃袋をかなり刺激してくれました。南国植物とラグーンが見渡せるテラス席が雰囲気抜群でオススメ。(福島県／ 26 歳／ゴンゾウ)

 Data
 キッズメニュー
 低アレルゲンメニュー
 アルコール
 テラス席
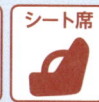 シート席
 座席 550席
 予算 約2000円

 ハミ出し情報　ここで食べた後に「ジュラシック・パーク・ザ・ライド」に乗るといいかも。恐竜の予習にもなって、アトラクションの世界に入り込みやすい!(滋賀県／ 49 歳／コモダ)

ロストワールド・レストラン

ファストフード

デート 友人同士

Map ⑱

広々として居心地の良い南国リゾート的なレストラン

食べごたえ満点の『ビーフステーキ・プレート』

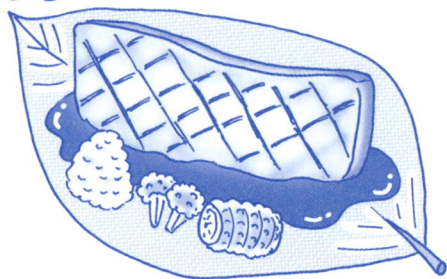

天井が高く、開放感あふれるログハウス風のレストラン。ステーキや肉料理が中心だ。窓際やテラス席からは、「ジュラシック・パーク・ザ・ライド」のスプラッシュ・ダウンを眺めることができる。

── メニュー例 ──

ビフステーキ・プレート … 2200円
南国マンゴープリン …… 400円
缶ビール ……………… 570円

ジュラシック・パーク

10代男子
開店していることが少ないレアなお店

実は閉店していることが多いレストラン。たまにイベント時に限定でオープンしていることがあるとか。噂によると夏～秋にかけて営業していることが多いらしい。前もって公式HPで確認を。（群馬県／18歳／カー）

20代女子
スプラッシュダウンが見飽きない！

運よくテラス席に座れたので、カレと一緒に、スプラッシュダウンを眺めながら食事。みんなが楽しそうに絶叫している姿や、水しぶきがキラキラ舞い上がる瞬間は、見ていて飽きない！（北海道／25歳／フミ）

Data
キッズメニュー
低アレルゲンメニュー
アルコール
テラス席
シート席
座席 240席
予算 約2000円

ハミ出し情報
「ロストワールド・レストラン」は、結構クローズしている日もあるみたい。開いていたらぜひ一度体験することをオススメします！（和歌山県／31歳／オードリー屁プぱーん）

ジュラシック・アウトフィッターズ

混雑注意　専門店　雨具あり　恐竜グッズなど　Map 24

冒険心がくすぐられる恐竜グッズが集合

映画『ジュラシック・パーク』の関連グッズが盛りだくさん。本物の化石や恐竜アイテムも。

── おすすめグッズ ──
発掘キット…500円

キッズ
男の子も女の子もぴったりが見つかる！

男の子のおみやげは、もちろん恐竜グッズで。女の子には天然石のアクセサリーなどが喜ばれますよ。（富山県／37歳／チョコレート）

雰囲気
タイムスリップ気分でお店を探検

ログハウス風の建物の店内は、恐竜グッズいっぱいで、太古の昔にタイムスリップしたみたい。ワクワクするなー。（栃木県／18歳／ハンター）

ミニコラム
スーベニア・メダリオン

100円で作れる記念メダル

USJでひそかに人気のあるグッズ、スーベニア・メダリオン。いくつかのショップの片隅に置いてある専用の機械で作ることができる。機械に100円を入れて、好きなデザインを選んでボタンを押せばOK。ゴールドのメダルに選んだデザインがギューっと型押しされ、その様子を外から眺められる。デザインは機械によって様々で、月替わりでデザインが変わるものもある。イベント時には限定のデザインも登場するぞ。

口コミ情報
実はメダリオンをコレクションしてます。特にイベント限定のものはレア！　最近では「セサミストリート」のデザインが登場したよ。（大阪府／18歳／ツネ）

縦：ジュラシック・パーク

ハミ出し情報
「ジュラシック・アウトフィッターズ」は、「ジュラシックパーク・ザ・ライド」の出口と直結。アトラクションのドキドキ感そのままに、お買い物が楽しめます。（和歌山県／42歳／絶叫系）

Eパス　シングルライダー　チャイルドスイッチ

ジョーズ

Map 12

体長9.75m、重さ2.7トン、秒速6m！巨大人喰いザメに襲われるボートの運命は!?

アミティ・ビレッジ

攻略術！

撮影

外せない撮影スポットは、入口前に吊るされた巨大なジョーズ。口の大きさがよくわかり、テンションが上がってくる。

水濡れ

あまり濡れたくないなら、ポンチョをはおっておこう。靴は上からビニールで包んでゴムで留めておくとさらに安心だ。

座席

サメに襲われる回数が多いのは左側。最前列はスキッパーの熱演が見られるが、ラストは振り返って見る形となる。

Data

身長制限：**122cm以上**（付き添い者同伴の場合は、ひとりで安定した姿勢を保てれば利用可）

定　員：**48名**　　所要時間：**約7分**

🕐 **待ち時間の目安**

平日：**40分**
休日：**60分**

ハミ出し情報　待合通路には漁師の道具やサメの歯が飾ってあって、ちょっとした博物館に来た気分に。1時間ほど並んだけど、展示物を観ながら楽しく待てました。（福井県／21歳／カレーの玉子）

お楽しみ POINT

前半 スキッパーの面白トークに注目！

スリル満点の後半はもちろん、穏やかなボートツアーとして始まる前半で聞けるスキッパーの面白トークが大好き！　サメに襲われる時の演技も人により違うので、何度乗っても楽しめます。（大阪府／26歳／貝）

後半 ジョーズに何度も襲われる恐怖

沈没したボートを見つけたあたりから、雰囲気が一変。私は左側に座っていたので何度も何度も巨大ザメが襲いかかってきて、悲鳴を上げっぱなしでした…。現実じゃなくて良かった…。（神奈川県／29歳／100点）

夜 暗くなってから乗るのがおすすめ

個人的に、夜はお昼の倍ほど面白い！真っ暗な水面からおっきなジョーズが突然襲ってくるから、ドキドキ感が桁違い！　タンクが炎上するシーンは暗闇に火柱が立って大迫力！（岐阜県／21歳／ぱぴ）

トリビア

見つけたら幸せになれる！？

水辺の建物には、色んな風見鶏が。なかでも人魚の風見鶏は、見つけたら幸せになれるらしい…。（兵庫県／32歳／ボウズ）

グッズinfo

ジョーズのミトン

大きな口を開けてパペットとしても遊べるミトン。これであなたも料理ジョーズに！？

ココで買える！ アミティ・アイランド・ギフト

➡ P121

アミティ・ビレッジ

ハミ出し情報 ジョーズを下りて普通は左方向に行くけど、右方向に進んで階段を上れば、そこはジュラシック・パークのゲート前。ちょっとショートカットできちゃいます。（京都府／30歳／カッパさん）

アミティ・ランディング・レストラン

フライドチキン

ファミリー　友人同士

Map ⑲

映画『ジョーズ』の造船所でジューシーなフライドチキンを

吊るされた船など造船所を模した店内は見どころいっぱい

映画『ジョーズ』の舞台となったアミティ・ビレッジの造船所がモデル。ジューシーなフライドチキンを使ったメニューや、エビやカニをたっぷり挟んだサンドなど、豪快なフードたちが目と舌を楽しませる。

── メニュー例 ──

シュリンプ&クラブサンドセット…	1690円
フライドチキンセット ………	1390円
JAWSがくるぞ！	
クリームソーダ・ロールケーキ…	500円

30代男子

チキンとビールで疲れた身体を癒す

「ジョーズ」のアトラクションで遊んだ後はここへ。名物のフライドチキンは、柔らかく揚がっていてジューシー。ビールにもよく合って、疲れた身体には何よりのごほうびでした。（三重県／36歳／くりぼー）

ファミリー

のどかな雰囲気のある店内が楽しい！

天井から船が吊るされていたり、造船所っぽいエレベーターがあったりと、店内を歩き回るだけで楽しい。田舎町ののどかな雰囲気も漂っていて、大人も子どもも楽しめると思う。（長野県／42歳／Kinちゃん）

アミティ・ビレッジ

Data	キッズメニュー	低アレルゲンメニュー	アルコール	テラス席	シート席	座席	予算
						290席	約1800円

ハミ出し情報

「JAWSがくるぞ！ クリームソーダ・ロールケーキ」がオススメ。スポンジが真っ青なので一瞬おののくけど、味はけっこうイケる。何より見た目が楽しい！（愛知県／20歳／tetote）

ボードウォーク・スナック

軽食

デート | 友人同士

Map ⑳

人気アトラクションの前にある完全屋外のファーストフード店

「ジョーズ」のアトラクションの前にある、完全屋外スタイルのファーストフード店。メニューはピッツァやクラムチャウダーなどのスープ類が中心で、アトラクションの合間にさっと食事をしたい時に便利だ。

ピッツァなど食べ歩き系メニューが中心

メニュー例

ミニオン・ピッツァセット … 1200円
アミティ・ピッツァセット
………………………… 1100円〜
生ビール………………… 750円

30代女子

静かで行列が短いけっこうな穴場

ラグーンに面した建物の裏手に席があるのですが、意外と静かで落ち着いていました。そういえば、注文の列も他店より短かった気が。ここはけっこうな穴場かもしれませんね。
（徳島県／32歳／ジュエル）

10代男子

寒い日はスープで身体が温まった

ピッツァがモチモチで美味しかったです。スープとセットで注文したら、ソフトドリンクも付いてきて得した気分。少し寒い日だったので、温かいスープが飲めてうれしかったです。
（大阪府／14歳／さきイカ好き）

アミティ・ビレッジ

Data

 キッズメニュー
 低アレルゲンメニュー
 アルコール
 テラス席
 シート席

 座席
 予算

 290席
 約1000円

ハミ出し情報　他のレストランが激混みなのに、ここはすんなり席を確保できた！　食事のボリュームはそれほどないけど、アトラクションに乗ることを考えると妥当な量かも。（和歌山県／41歳／bingo）

アミティ・アイスクリーム

 デート 友人同士

Map ㉑

映画『ジョーズ』に出てきたアイスクリーム屋を再現

カップ, コーン, ワッフルタイプのコーン …… 食べ方もいろいろ選べる！

『ジョーズ』の主人公であるブロディ署長の妻エレンが経営するアイスクリーム屋がモデル。多彩なフレーバーのアイスクリームを選べるほか、運が良ければ期間限定で登場するUSJオリジナル商品に出会うことも。

── メニュー例 ──

アイスクリームフロート（R／L）……………	500円／560円
アイスクリーム（カップ）…	360円～
紅茶……………………	320円

 **ファミリー**
サーティワンだけにアイスの種類が豊富

馴染みのあるサーティワンアイスクリームが運営しているので、味も種類も申し分なし！　カラフルなフレーバーが並ぶので、疲れて不機嫌だった子どもたちも喜んでいました。（神奈川県／42歳／USJビギナー）

 **20代女子**
コーンのタイプとアイスのサイズが選べる

アイスクリームはカップもあるけど、自分はコーン派。普通のタイプより110円高いワッフルコーンにしました。シングル470円に対し、ダブルは610円。断然ダブルがお得です！（兵庫県／24歳／ユギっぺ）

Data	キッズメニュー	低アレルゲンメニュー	アルコール	 テラス席	 シート席	 座席 30席	予算 約500円

ハミ出し情報 店先に座るスペースがあるけど、席数が多くないので期待しない方がいいかも。ラグーン近くのベンチ席に移動すれば、ゆっくりできると思う。（京都府／30歳／カリカリ君）

アミティ・アイランド・ギフト

 混雑注意  専門店　雨具あり ジョーズ＆マリングッズ　Map 25

ジョーズと海がテーマのショップ

映画『ジョーズ』関連グッズと、海がテーマのアイテムがそろう。小さな店なので見逃し注意。

――おすすめグッズ――
キーチェーン …1000円

 キッズ　愛嬌たっぷりのジョーズににっこり

凶悪なイメージのジョーズだけど、ここにはかわいいデザインのジョーズグッズが並んでいます。チビッ子でも大丈夫！（大阪府／ 33 歳／翠）

 **自分用　海が感じられるアクセサリー**

ここにあるアクセサリーは、海がモチーフになっていて、かなりいい感じ。夏のアクセとして重宝しています。（埼玉県／ 19 歳／アロマ）

ミニコラム
ハリウッド・ムービー・メーキャップ

フェイスペイントのサービス

パーク内を歩いていると、時々、ド派手なフェイスペイントをした人とすれ違うはず。実はこれ、アミティ・ビレッジなどの路上で行う「ハリウッド・ムービー・メーキャップ」で、メーキャップキットを買ったらついてくるサービスなのだ。キャラクターをあしらったものなど、かわいい系からクール系まで幅広いデザインから選べて、職人技で見事にペイントしてくれる。普段とは違う顔になって、テンションも倍増！

口コミ情報

プラス800円のオプションで、さらに凝ったメイクをしてもらえるよ。ちなみにメイクは石鹸で簡単に落ちるよ。洗顔料があると便利かもね。（大阪府／ 17 歳／リオナ）

アミティ・ビレッジ

 ハミ出し情報　赤ちゃんを連れているなら、「アミティ・アイランド・ギフト」のショーウィンドウには要注意。迫力のジョーズのディスプレイに、ギャン泣きになってしまうかも。（愛知県／ 39 歳／リボン）

よやくのり チャイルドスイッチ

フライング・スヌーピー

ライド　のんびり派　キャラ好き

Map ⑬

上昇や下降が自由自在！スヌーピーに乗って空の旅

スヌーピーの形をしたライドに乗って、空中を旋回する。屋外アトラクションならではの爽快な気分が味わえるうえ、スヌーピーがフワフワ空を飛ぶ姿はかなりキュート！　外から見るだけでも楽しい。速度と高さは適度にスリルがあって、子どもにも大人にも適している。ふたり乗りなので、カップルにもオススメ。

レバー操作で 高さを変えられる

操作　手元のレバーで上昇下降が自由自在

くるくる回っている最中に座席中央のレバーを動かすと、高さが変化するんです。せっかくなので色々変えてみましょう。ちょっとしたパイロット気分が味わえて楽しいですよ。（滋賀県／29歳／バンナイタラオ）

スリル　子ども向けだけど意外とコワい！？

癒し系ライドだな〜と思ってたら、意外と高い位置まで上がるんですね。高所恐怖症の僕は、ちょっとビビった…。彼女はメチャクチャ楽しそうにしてたけどね。（和歌山県／20歳／ロッカウェイビーチ）

ユニバーサル・ワンダーランド

Data
身長制限：**122cm**（付き添い者同伴の場合は、92cm）
定　　員：**1台2名**（計16名）　所要時間：**なし**

ハミ出し情報　「フライング・スヌーピー」は、そのかわいさもあって大人気！　結構混雑することもあるので、「よやくのり」利用がオススメです。（大阪府／30歳／ウッチャソナソチャソ）

よやくのり チャイルドスイッチ

スヌーピーのグレート・レース

屋内 ライド キャラ好き カップル

Map ⑭

丘を越え山を駆け抜ける！迫力満点のミニコースター

スヌーピー監督の映画に出演するという設定で乗る室内型コースター。短いコースながら、スピードや起伏があって意外とスリリング。

Data

身長制限：122cm 以上（付き添い者同伴の場合は 92cm 以上）
定　　員：1 列 2 名（計 16 名）
所要時間：約 1 分

密着

少し窮屈な座席で恋人の距離が急接近

座席が狭いので、大人 2 名が乗るとちょっと窮屈。でもそのおかげで彼女と自然と密着できて、親密度急上昇！（愛知県／ 21 歳／亘）

スヌーピー・サウンド・ステージ・アドベンチャー

屋内 のんびり派 キャラ好き ファミリー

Map ⑮

『ピーナッツ』の仲間たちと自由に遊べる映画スタジオ

映画監督・スヌーピーが、いろんな道具や音楽を使いながらオリジナルの映画を撮影する、というテーマの屋内遊戯施設。

Data

身長制限：なし（推奨年齢 12 歳以下）
定　　員：なし
所要時間：なし

遊ぶ！

大人でも楽しいゲームがたくさん

画面上で塗り絵をしたり、映像に効果音をつけたりできるゲームがあります。彼女と一緒にやると意外と盛り上がった。（山梨県／ 21 歳／犬）

ハミ出し情報　子どものコースターデビューにと選んだ「スヌーピーのグレート・レース」。結構大人も並んでいて驚きました。雨の日だったらもっと混むんだろうな～。（大阪府／ 35 歳／マチルダ）

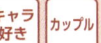

ハローキティの リボン・コレクション

Map ⑯

Data

身長制限：なし
定　　員：なし
所要時間：約10分

※滑り台の使用は推奨年齢3〜6歳

**キティのスタジオにご招待
個室で一緒に記念撮影も！**

ファッションアイテムがズラリと並ぶハローキティのスタジオに、VIP待遇でご招待。最後はキティを独占して写真撮影ができる。

遊ぶ！

ドレスに顔を乗せて 試着気分が味わえる

おしゃれなドレスやリボン、靴にテンションUP！　ドレスをバックに友だちと写真を撮りあいっこしたよ。（兵庫県／15歳／Y）

ハローキティの カップケーキ・ドリーム

チャイルド スイッチ

Map ⑰

Data

身長制限：122cm以上
　　　　　（付き添い同伴なら
　　　　　制限なし）
定　　員：1台5名
所要時間：約2分
※小さな子ども一人で座る必要あり

**音楽に合わせて回転する
カラフルなカップケーキ**

キティのケーキ・パーティーにお呼ばれ。音楽とともにクルクルと回るカップケーキに乗って楽しもう。ハンドルでスピードを調整も。

ユニバーサル・ワンダーランド

スリル

ハンドルを回せば 回すほど速くなる！

かわいい見た目とは裏腹に、最速スピードはかなり速かった！　彼氏と回りながら大笑いしちゃいしちゃった。（茨城県／22歳／晴女）

ハミ出し情報　「ハローキティのカップケーキ・ドリーム」は見た目のかわいいさも魅力。グループで2台に分かれて、お互いを写真に撮りまくっちゃった！（兵庫県／17歳／そだねー）

よやく
のり｜シングル
ライダー｜チャイルド
スイッチ

エルモの ゴーゴー・スケートボード

 ライド｜アクティブ派｜友人同士

Map ⑱

巨大なスケボーに乗って U字の斜面を駆け抜ける！

スケボー好きなエルモと一緒に、巨大なスケボー型ライドに乗って、スケボーをワイルドに楽しもう。ただ前後に動くだけではなく、時には回転したりと予想外の動きで、かつ適度にスピードもあってスリリング。大人でも十分楽しめる。ライド中に、みんなで楽しもうと呼びかけるエルモのおしゃべりも聞き逃さないで。

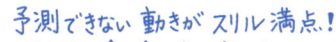
予測できない 動きがスリル満点！

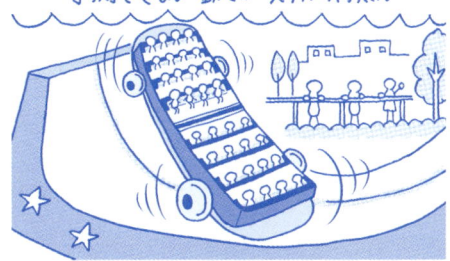

 スリル　大きく揺れながら 突然クルッと回転！

子ども向けながらも、結構スリリング。突然回転して、前後がよく分からなくなっちゃった（笑）。特に後ろの方の席は、動きを大きく感じられてスリルも倍増しますね。（東京都／30歳／考えろ考えるな）

音　エルモの声に 癒されちゃう！

スリリングなライドも楽しいですが、このアトラクションの隠れた魅力が、エルモのおしゃべりです。みんなを盛り上げたり、スケボーの歌を歌ったり、かわいくて癒されます！（東京都／40歳／ワカチコン）

ユニバーサル・ワンダーランド

Data
身長制限：**122cm 以上**（付き添い者同伴の場合は 92cm 以上）
定　員：**1列4名**（計32名）
所要時間：**約2分**

 ハミ出し情報　「エルモのゴーゴースケートボード」は、ライド中央に立つリュックを背負ったエルモがカワイイ！セサミファンは要注目です。（三重県／23歳／NRBQファン）

モッピーの バルーン・トリップ

よやく のり

ライド　のんびり派　キャラ好き　カップル

Map ⑲

ワンダーランドを一望！ 気球に乗って楽しい空の旅

モッピーがみんなを気球の旅にご招待！　セサミの仲間たちをデザインした 8 個のキュートでカラフルな気球の形をしたライドに乗って、ゆっくり回りながら空高く上昇する。4 人乗りなので、仲良しグループやファミリーに最適。エリア全体が見渡せる上からの景色もポイントで、晴れた日は特におすすめしたい。

上からの　景色が最高！

景色　眼下に広がる キュートな世界

ユニバーサル・ワンダーランド全体はもちろん、遠くのエリアまで見渡せる、上からの景色が最高！　ぐるぐる回るのでいろんな角度から楽しむことができますよ〜。（神奈川県／ 24 歳／ジャカランダクラブ）

操作　ハンドルを回せば 気球が自転する

中央のハンドルを回すと、乗っている気球そのものも回転します。見たい景色が見える位置に調整しましょう。ただ、調子に乗って回し過ぎると気持ち悪くなるから注意して（笑）。（長崎県／ 32 歳／ピピコット）

ユニバーサル・ワンダーランド

Data
身長制限：**122cm 以上**（付き添い者同伴の場合は 92cm 以上）
定　　員：**1 台 4 名**（計 32 名）
所要時間：**約 2 分**

ハミ出し情報　「モッピーのバルーン・トリップ」は人気のライドなので、待ち時間も長め。私たちは「よやくのり」を発券しておいたのでスムーズに乗れました。（東京都／ 30 歳／リズム音痴）

セサミの ビッグ・ドライブ

Map 20

140m のコースを走る 子ども用ゴーカート

セサミストリートの仲間がデザインされた電気自動車で、本格的なコースを楽しくドライブ。

Data
身長制限：6 〜 12 歳までの子ども（大人不可）
定員：1 台 1 名
所要時間：約 3 分

アビーの マジカル・ツリー

Map 21

巨大の木の中に広がる ジャングルジムで遊ぼう

木の中は空洞で、上ったり下りたりくぐったりして遊べるジャングルジムになっている。

Data
身長制限：なし（推奨：6 〜 12 歳までの子ども）
定員：なし
所要時間：なし

ウォーター・ ガーデン

Map 22

地面から突然飛び出す水や 流れる水と触れ合える

リズムに合わせて水が飛び出したり、滝のように流れたり。遊びながら水の性質を学べる場。

Data
身長制限：なし（推奨：3 〜 9 歳までの子ども）
定員：なし
所要時間：なし

クッキー モンスター・ スライド

キャラ好き　ファミリー　Map 23

クッキーモンスターの なが〜いベロが滑り台に

クッキー好きなクッキーモンスターのベロの上を、クッキー型のシートに乗って滑り降りる。

Data
身長制限：なし（推奨：3 〜 9 歳までの子ども）
定員：なし
所要時間：なし

アーニーの ラバーダッキー・ レース

のんびり派　ファミリー　Map 24

くねくね曲がった川で アヒルと一緒に水遊び

お気に入りのアヒルを選び、丘の上から流れる水路に放して遊ぶ。無事ゴールできるかな？

Data
身長制限：なし（推奨 3 〜 6 歳までの子ども）
定員：なし
所要時間：なし

ユニバーサル・ワンダーランド

ハミ出し情報 おしりが汚れてしまいそうで心配だった「クッキーモンスター・スライド」。でもクッキーのシートを敷いてくれたから汚れなかったし、おしりも痛くなかったよ！ （兵庫県／9歳／姫ちゃん）

ビッグバードの ビッグトップ・サーカス

のんびり派 | キャラ好き | カップル

Map ㉕

Data

身長制限：**122cm 以上**
（付き添い同伴なら 制限なし）
定　　員：**1台1名**
（4人乗りシャリオットもあり）
所要時間：**約2分**

夜

ライトアップ時は ロマンティックに

夜はキラキラしてムード満点。乗り降りする時に彼がリードしてくれて、お姫様気分を味わえました。（大阪府／19歳／キャンディー）

動物に乗ってくるくる回る 優雅なメリーゴーランド

ビッグバードが座長を務めるサーカス団の動物たちをデザインしたメリーゴーランド。サーカスの一員気分で乗ろう。

エルモの リトル・ドライブ

アクティブ派 | キャラ好き | ファミリー

Map ㉖

Data

身長制限：**3～5歳の子ども**
（6歳の末就学児 含む。大人不可）
定　　員：**1台1名**
所要時間：**約2分**

写真

ドライブコースを 柵の外からパチリ

コースのすぐそばに柵があって、スマホのカメラでも撮りやすそうだった。子どもができたら絶対乗せたいな。（奈良県／27歳／K）

3歳から運転を楽しめる エルモの顔したゴーカート

アクセルを踏むと進み、離すと止まるシンプルな仕組みだから、小さな子でも安心。コースは全長約30m。大人は柵の外から見守れる。

ユニバーサル・ワンダーランド

ハミ出し情報 「ビッグバードのビッグトップ・サーカス」は基本ひとり用だけど、4人乗りシャリオットもあったよ。赤ちゃん連れの親子が乗っていて、なんだか微笑ましかったです。（高知県／29歳／苺）

エルモの バブル・バブル

Map ㉗

 屋内　ライド　のんびり派　友人同士　ファミリー

Data 身長制限：**122cm 以上**（付き添い者同伴の場合は92cm以上、前列は 122cm 以上は利用不可）　定員：1台2名（付き添い者1名、子ども1名）　所要時間：**約3分**

金魚のドロシーに乗って ぷかぷかクルージング

緩やかな水流に乗って進む超ミニ版急流すべり。水濡れはないので安心。前に子ども、後ろに大人が乗り込める。

 コース

大きなシャボン玉が幻想的

ピンクやブルーのシャボン玉がきれいだった！（山口県／20歳／パピ）

バートとアーニーの ワンダー・ザ・シー

Map ㉘

屋内　アクティヴ派　ファミリー

Data 身長制限：**なし**（推奨：3～6歳までの子ども）　定員：**なし**　所要時間：**なし**

バートとアーニーが待つ ボールプールの海にダイブ

滑り台を滑った先には、海をイメージした白や青のボールプールが。潜ったりジャンプしたりして自由に泳げる。

見る

子どもたちの姿に癒される

私も遊びたい～！と思いながら眺めてます（笑）。（京都府／28歳／夢）

グローバーの コンストラクション・カンパニー

Map ㉙

屋内　アクティヴ派　ファミリー

Data 身長制限：**なし**（推奨：3～9歳までの子ども）　定員：**なし**　所要時間：**なし**

大きなブロックで 作品作り

いろんな色、いろんな形をした、大きくて柔らかいブロックがたくさん！自由な発想で組み立てられる。

考える

創作意欲がムクムク…

これで何が作れるか、考えるのも楽しそうでした。（岡山県／30歳／亀）

ユニバーサル・ワンダーランド

 ハミ出し情報　「グローバーのコンストラクション・カンパニー」には、子どもたちが作った謎の乗り物やお城、要塞のようなものがいっぱい！　見てるだけでワクワクします。（山梨県／27歳／キツネ）

ビッグバードの ビッグ・ネスト

屋内 🔼 アクティヴ派 ファミリー ・ Map ㉚

Data 身長制限：なし（推奨：5〜12歳までの子ども）
定員：なし　所要時間：なし

登ったり降りたりして遊ぶ ネット状のジャングルジム

ビッグバードの巣は、巨大なジャングルジム。周りには探検できるトンネルも。床は柔らかいので安心して遊べる。

見る

ビッグバードの巣！？

こんな巣に住んでるんだ〜って想像しちゃった。（東京都／29歳／泉）

モッピーの ラッキー・ ダンス・パーティ

屋内 🔼 アクティヴ派 ファミリー ・ Map ㉛

Data 身長制限：なし（推奨：12歳以下の子ども）
定員：なし　所要時間：なし

ノリノリのDJと一緒に 音楽に合わせてダンス！

30分ごとにDJがやってきて、ダンスパーティーがスタート。最後まで踊ると、手にスタンプを押してもらえる。

踊る！

大人も思わず踊っちゃう

DJのかわいいダンス、真似したくなりました！（大分県／27歳／小豆）

アビーの マジカル・パーティ

屋内 🔼 アクティヴ派 ファミリー ・ Map ㉜

Data 身長制限：なし（推奨：3〜6歳までの子ども）
定員：なし　所要時間：なし

アビーが魔法をかけた 不思議な空間で遊ぼう

カラフルな照明のもと、大きなバルーンで遊んだり、星形ブロックに上ったり。3歳の子どもも安心して遊べる。

遊ぶ！

小さな子どもがいっぱい

同じくらいの年齢の子が多かったので安心でした。（兵庫県／26歳／結）

ハミ出し情報　ユニバーサル・ワンダーランドには、大人が休める場所がたくさんあるんです。疲れたらいつもこのかわいい空間に来て、ホッと一息ついています。（滋賀県／36歳／バッタ仮面）

スヌーピー・バックロット・カフェ

ファスト フード

ファミリー

Map ㉒

スヌーピー好きにはたまらないキュートなカフェ

カワぃ過ぎる飛行機の席にご注目！

スヌーピーたちが集まるカフェがテーマだけに、外観やインテリアはもちろん、メニューもスヌーピーにちなんだものがたくさん。食事はハンバーガーやパスタがメインで、オリジナルのスイーツ類も楽しめる。

--- メニュー例 ---
スープパスタセット… 1450 円
テリヤキバーガー・セット… 1350 円
スヌーピー・キッズセット A
………………………… 890 円

10代女子
360度どこを見てもスヌーピーの世界

店内どこを見てもスヌーピーのキャラクターだらけ！ 特にお気に入りは天井で、パラシュートを付けたウッドストックを見た時は、思わず「かわいい！」って叫んじゃった。（長崎県／ 15 歳／みるちゃん）

ファミリー
子ども連れに優しいインテリアと設備

スヌーピーの乗った飛行機のオブジェがテーブルにもなっていたりと、ウキウキする演出がいっぱい！店内にトイレがあるので、小さいお子さん連れでも安心です。（北海道／ 32 歳／バターコーン）

ユニバーサル・ワンダーランド

Data

キッズ メニュー

低アレルゲン メニュー

アルコール

テラス席

シート席

座席
300席

予算
約1500円

ハミ出し 情報

スヌーピーそっくりの「スヌーピーまん」がかわい過ぎるので、食べるのに決心がいる。次はチョコ味の「ほね型エクレア」に挑戦！（新潟県／ 23 歳／カンデラリア）

ハローキティの コーナーカフェ

スナック

デート

Map ㉓

キュートなおやつがそろった 完全屋外のスナックスタンド

キティちゃんの顔を
デザインした
「ハローキティまん」は 450円

カワいー!!

「ハローキティのデザートドリンク」や、中華まんの「ハローキティまん」など、キティちゃんにちなんだおやつが買えるスナックスタンド。期間限定メニューが多く、何度でも行きたくなってしまう。

メニュー例

とりのからあげ～マヨネーズ～ …450円
ハローキティまん～チーズ＆ポーク～
………………………………450円

ファミリー
スタンド式で便利！ サクッと小腹を満たせる！

キティちゃんのピンクカラーがあしらわれた見た目もかわいいスナックスタンドだよ。子どもも大好きなからあげをチョイス。ジューシーでボリュームもあってコスパ良し。（福島県／29歳／金ピカ大魔王）

ファミリー
ピンクのリボンがついた 中華まんがかわい過ぎる

キティちゃんの顔をした「ハローキティまん」を買ったら、ピンクのリボンまで再現されているではありませんか！ かわい過ぎるのか、子どもが食べるのをためらっていました。（京都府／29歳／犬のしっぽ）

ユニバーサル・
ワンダーランド

 キッズメニュー 低アレルゲンメニュー アルコール  テラス席  シート席  座席  予算

Data

30席　約1000円

ハミ出し情報　食べ歩きしやすいメニューが多いので、屋外にある座席が埋まっていても安心。私が買ったとりのからあげはパッケージもかわい過ぎるうえに美味しかった。（兵庫県／19歳／チリコ）

スヌーピー・スタジオ・ストア

混雑注意　専門店　雨具あり

スヌーピー関連グッズ　Map 26

ここでしか買えないスヌーピーグッズも

スヌーピーとピーナッツの仲間たちの専門ショップ。ほかでは手に入らない商品も多数そろう。

――おすすめグッズ――
スヌーピーのロンパース
…2900円

自分用　シーズンごとの期間限定グッズをチェック

スヌーピー・ファンの上級者ならば、パーク限定の上を行く、期間限定グッズをゲットしよう！　愛着もひとしおだよ。（兵庫県／21歳／毛布）

雰囲気　天井の装飾も見逃すことなかれ！

見上げると、映画のスタジオ風に照明などが吊るされる中、「ピーナッツ」のキャラたちが隠れています。カワイイ！（青森県／30歳／オーガ）

ハローキティのリボン・ブティック

混雑注意　専門店　雨具あり

ハローキティグッズ　Map 27

トレードマークのリボンがグッズに

ハローキティのリボンをモチーフにした、ファッション専門店。アクセサリーや小物もそろう。

――おすすめグッズ――
マスコット…1600円

キッズ　女の子メロメロのアクセサリー

なんと、かわいい子ども用のジュエリーセットを発見！　購入するまで、娘は売り場から離れませんでした（笑）。（石川県／40歳／新幹線）

雰囲気　ピンクの外観が乙女心をくすぐる

ピンクで統一された建物は見ているだけでワクワク。ラブリーな商品が並んでいて、乙女心がキュンキュンします。（広島県／26歳／ココア）

ユニバーサル・ワンダーランド

ハミ出し情報　スヌーピー・スタジオ・ストアの中には、似顔絵コーナーもあるよ。彼と一緒にかわいく書いてもらっちゃった。お気に入りの額に入れて家で飾っています。（山形県／32歳／kaoru）

セサミストリート・キッズ・ストア

Map 28

**子どものための
アイテムがいっぱい**

その名の通り、おもちゃなどセサミストリートの子ども向けアイテムがそろったショップ。

── おすすめグッズ ──
**エルモのぬいぐるみ
…1800円**

雰囲気

**買い物に飽きたら
遊び場に GO！**

お店の中央にブロックやミニカーで遊べるコーナーがあります。チビッ子は、ここに連れていくとゴキゲンに。（大阪府／36歳／わさび）

おみやげ

**ベビーへのおみやげに
喜ばれるアイテムが**

ベビー服が充実しているお店なので、出産のプレゼントはここで購入。ほかのお祝いと差がつけられますよ。（兵庫県／31歳／独身貴族）

ミニコラム
カーニバルゲーム

ゲームで商品ゲットを狙え！

パーク内には、カーニバルゲームができるスポットがいくつかある。ニューヨーク・エリアの「フェスティバル・イン・ザ・パーク」、アミティ・ビレッジの「アミティ・ボードウォーク・ゲーム」、ユニバーサル・ワンダーランドの「バート＆アーニーのプロップショップ・ゲーム・プレイス」などがそれだ。シンプルながらも意外と難しい、子どもから大人まで楽しめるゲームばかり。うまくクリアすると、かわいい景品がもらえる。

口コミ情報

ツルツルのお皿に少し離れたところからコインを投げて乗せるゲームが激ムズ！ 3度目の挑戦で見事に乗って、景品のぬいぐるみをもらいました。（愛媛県／30歳／たつ）

ユニバーサル・ワンダーランド

「セサミストリート・キッズ・ストア」の近くではグリーティングが開催されます。タイミングが合えば、セサミストリートのキャラと写真が撮れるチャンス！ （新潟県／35歳／ゴマ）

USJ をお得に過ごす節約ワザ

塵も積もれば山となる…？
通がよく使う節約ワザをご紹介

　USJ に限らず、テーマパークでは何かとお金がかかるもの。チケット代や食事代、おみやげなどはもちろん、それ以外にもいろいろと物入りだ。ここでは、USJ 通からの情報による、ちょっとした使える節約ワザを紹介しよう。

　ウェットティッシュや電池、バンソウコウなどの消耗品は、パーク内でも販売しているが、UCW のドラッグストアなどで購入した方が断然安い。折り畳み傘などの雨具も同様だ。

　食事も出費がかさむが、もう何度も USJ に来ていて、あらかた興味のあるレストランは体験したのなら、パーク内ではフードカートの軽食で済ませちゃうのも手。基本的にボリューム満点のメニューが多いので、十分しのげるのもうれしい。念のため、入園前にしっかり腹ごしらえしておけば安心だ。また、年間パスポートを所有していれば一度パークを出ても再入場できるので、UCW のファストフードで安く食事したり、ピクニックエリアで持参したお弁当を食べるのも手だ。

　車で来る場合は、駐車場は USJ の駐車場ではなく、近隣の民間駐車場を利用すれば 1000 円近く安くなる場合も。パークまでの移動が面倒だが、このワザを利用している人も多い。

僕は USJ の自動販売機で買った簡易ポンチョは捨てずに保管して、その後訪れる時にも持っていってます。そろそろ寿命だけどね〜（笑）。（大阪府／30 歳／エコ男ヒロカズ）

135

ウォーターワールド

ショー　水漏れ　アクティヴ派　感動派　友人同士　ファミリー

Map ③③

超一流の豪快水上スタントは迫力満点！
みんなで楽しめる観客参加型ショー

攻略術！

座席
ラストシーンで水上飛行機が飛び出してくるのも、特殊花火の爆発が多いのも、前方やや左寄りの席。迫力重視ならぜひ。

水濡れ
前方のブルーシートは、ブーイング合戦やショーの間、水がガンガンかかる場所。ポンチョを用意しておくといいかも。

練習
キャストの登場に合わせてブーイングをする事前練習あり。恥ずかしがらず、どれだけ本気で参加できるかが楽しめる鍵。

Data
身長制限：なし
定　　員：3216名
所要時間：約20分

🕐 **待ち時間の目安**
平日：**30**分　休日：**60**分

ハミ出し情報　爆発や水しぶきが激しいと聞いていたので、まだ小さな子どものために後ろの方の席を選択。十分楽しめたし、落ち着いて観られたので良かったです。（富山県／31歳／ちーちゃん）

お楽しみPOINT

前半 ブーイングや拍手でショーに参加できる

本編が始まる前にクルーが登場してショーの概要を説明。観客をチーム分けして拍手の練習やブーイング合戦をします。敵役ディーコンが出てきたら大きな声で「ブー！」と言おう！（徳島県／35歳／じゅん）

後半 火だるまの敵役が地上13mからダイブ

敵のディーコンが全身火だるまになりながらやぐらから水面にダイブするシーンは、本当にスリリング！間近で見る命がけのスタントに、子どもたちも大興奮でした。（群馬県／41歳／わーぷる）

目玉シーン 大きな水上飛行機が水しぶきとともに！

一番の見どころは、幅約9mの水上飛行機が爆音とともに不時着するクライマックス。夏なら絶対、水しぶきがかかる前列の青い座席に座るべし！ 盛り上がること必至です！（福岡県／18歳／葵）

クライマックスで 特に 水濡れできるのは この辺り

客席

ステージ

トリビア 実は人気者？おちゃめなディーコン様

劇中、ギャグも連発するディーコン。USJの特別イベントなどにもたまに登場する人気者なんだ。（大阪府／28歳／コウ）

News! 2018年春にリニューアル！

人気のスペクタクル水上ショーがいよいよリニュールして再登場。特殊効果がさらにパワーアップして迫力が倍増。ヒーローの磨きがかかったスタントも見逃せない。

ウォーターワールド

ハミ出し情報 敵役として登場するディーコン。男前だし、アドリブも面白いから、実はファンも多いんです。うちは親子そろってディーコン様ファン！ （滋賀県／40歳／麗華）

USJのタバコ販売と喫煙情報

購入は２店舗のみ
喫煙箇所は現在３ヶ所

　喫煙者にとっては、パーク内のどこで喫煙ができて、どこでタバコが買えるのかは重要な問題。USJは飲酒については結構おおらかだが、喫煙に関しては厳しく、パーク内原則禁煙だ。

　パーク内でタバコが買えるのは、ハリウッド・エリアの「バックロット・アクセサリー」と「スペース・ファンタジー・ステーション」の２店舗のみ。購入はレジにいるクルーに申し出よう。銘柄も限られていて、何種類かの銘柄が表示されたシートが差し出され、そこから選んで購入するという流れなので、心得ておこう。年間パス所有者なら、いったん外に出て、UCWのコンビニで購入するという手もありだ。

　喫煙場所は2018年3月現在のところ、「ターミネーター2:3-D」向かい側、セントラル・パーク奥、ジュラシック・パークのゲート付近など。タバコをたしなむ人は、当日、入場時にもらえるマップで最初に場所を確認しておくと、いざという時にあわてなくていいだろう。

　とはいえ、アトラクションを回るのが忙しくて、意外とのんきにタバコを吸っているヒマもないかもしれないが…。

 「バックロット・アクセサリー」でタバコを買えるとはいえ、メイン商品ではないので買うのは少し面倒。喫煙者はタバコを少し余分に持参しましょう。(熊本県／ 45歳／鉄太郎)

USJの
基本攻略

USJに行く前に ココを確認しておこう

**USJを100％心ゆくまで楽しむためには、事前の情報収集が大事。
出かける前に、以下のことをしっかり確認しておこう！**

パークが開園・閉園する時間は 事前にしっかり確認しておこう！

出かける前に、絶対に確認しておきたいのが開園・閉園時間。というのも、パークの開園・閉園時間は、シーズンによってかなり異なるからだ。

例えば、入場者の多い夏場なら9時開園、21時閉園というように長く開いているが、オフシーズンの冬場、特に平日などになると10時開園で19時閉園、時には18時にはもう閉まってしまうこともある。ロマンティックな夜のUSJを楽しみたい！と思って行っ

たら、暗くなってからすぐに閉園になった……ということにもなりかねない。

開園・閉園時間はUSJの公式WEBサイト内の「営業時間＆スケジュール」というところで事前にチェックすることができる。約3ヶ月先までの予定が掲載されているので、参考にしたらスケジュールを立てやすい。

ただし、悪天候や当日の混雑状況などにより開園・閉園時間ともに若干変更する可能性もあるから注意しよう。

ショー系アトラクションの スケジュールをチェックしておく

大掛かりな舞台装置を使って、生身のキャストが実際に演じるショー系アトラクションもたくさんあるUSJ。

これらは1日の上演回数や開始時間があらかじめ決まっているので注意しておこう。常に連続で上演し続けている…という訳ではないのだ。

「これだけは絶対に見たい！」というお目当てのショーがある場合は、公式ホームページの「営業時間＆スケジュール」を出かける前に確認することが

大切。ここには約一週間分のタイムスケジュールが掲載されている。当日、上演されることを必ずチェックしてから出発するようにしたい。

なお、屋外で行われるショーなどは、天候などの影響からスケジュールが変わることもある。公式アプリ上や、パーク内にある掲示板「スタジオ・インフォメーション」にリアルタイムの上演予定情報が掲載されているので、まめにチェックするようにしておこう。

ハミ出し情報　誕生日にUSJに来たら、クルーに伝えてハッピーバースデーシールをもらおう。これを付けていると、クルーたちが祝福してくれるよ！（島根県／24歳／ロックンロールでんじろう）

特典盛りだくさん！パッケージツアーを調べておこう

飛行機やJR、高速バスなどを利用して遠方からUSJに行く場合は、各旅行会社などが企画している、USJ向けのパッケージツアーを利用することを検討してみてもいいかもしれない。

パッケージツアーは往復の交通手段とホテルがセットになっており、一括で購入できるのでとても便利。加えて、金額的にもややお得な設定が多い。

USJの公式WEBサイトに掲載されているので事前に確認しよう。

加えて、USJパートナーホテルによるUSJ用宿泊プランも公式ホームページでチェックしておきたい。これは交通手段こそ付かないものの、スタジオ・パス付きのものが多く、他にも食事やグッズ付きなど、いろいろとお得。検討する価値は大いにあるぞ。

誰かが誕生月ならバースデー特典を検討しよう

もしUSJへ行く日が、誰かの誕生月もしくはその翌月なら、バースデー・パスを利用すると断然お得だ。

「バースデー・1デイ・パス」および「バースデー・2デイ・パス」は、誕生月とその翌月に、チケットを特別価格で購入できる。しかも本人と同伴者5名まで同じ価格で購入可能だ。価格は、「バースデー・1デイ・パス」は、大人7400円、子ども5000円。「バ

ースデー・2デイ・パス」は、大人12400円、子ども8400円となっている。ちなみに購入は、登録無料のUSJファンクラブ「Clubユニバーサル」への登録が条件で、WEBチケットストアか、チケットブースで買える。チケットブースの場合、WEBチケットストアから、バースデークーポンを取得して、購入時にそれを提示する必要があるので忘れないように。

こんなことも確認しておけば楽しさ一層アップ間違いナシ！

当日、何か特別なイベントがないか事前に確認しておくと、USJを一層楽しめるだろう。公式WEBサイトで最新情報をきちんとチェックしておこう。特に期間限定のイベントなどの場合、特別なショーの開催や限定グッズの販売があることも少なくない。事前のチケット購入が必要なケースもあるので、「しまった！　こんなイベントがあった

なんて…」と後悔しないようにしたい。

また、当日行ってみたいと考えているレストランの場所や営業時間も事前に確認しておこう。昼食で時間をロスしないように、第3候補くらいまで決めておき、店の混雑ぐあいを見ながら、柔軟に対応するのがいいだろう。優先案内に対応しているレストランなら、申し込んでおくのも手だ。

ハミ出し情報　「モッピーのラッキースポット」の笑顔を見せるゲームで高得点を記録すると、ロイヤル・スタジオ・パス的なものがもらえるとか。欲しい！（埼玉県／29歳／みっぴー）

USJ チケット情報

**まずはこれがなければ始まらない、入場チケット。
様々な種類があるので、予定に合わせて選ぼう。**

当日・前売券の買い方は主に 5 種類

入場パスには「当日券」「前売券」「入場予約券」がある。「当日券」「前売券」が購入できるのは、①公式 WEB サイトの「WEB チケットストア」、②パークのチケットブース、③パートナーホテル（宿泊者向けに、宿泊当日または翌日用の個人向けスタジオ・パスを販売）、④ローソン（ローチケ HMV、ローソン店頭 Loppi）⑤ Yahoo! チケットとなっている。①の場合、受取方法は「ダイレクトイン」（＝発行され

た QR コードを表示したスマートフォンや、プリントアウトした紙を提示すれば、パークに入場できる）、「パーク引換え」（＝チケットブースでチケットと引換え）、「宅配」（配送手数料 600 円）、「ローソン店頭引取」から選択する。
　また、「入場予約券」が購入できるのは、JR の主な駅のみどりの窓口や旅行カウンター、契約旅行会社となっている。それぞれ取り扱うパスの種類も違うので、詳しくは公式 HP で確認して。

引き換えが必要なチケットに注意！

チケットには、そのまま入場できるものと、当日チケットブースで引き換えが必要なものの 2 種類がある。WEB で「宅配」か「ダイレクトイン」の方法で事前に入手した前売券や、チケットブースやローソンで直接購入した前売券ならば、引き換えいらずで入場することができる。
　一方、契約旅行会社から購入した入場引換券は、当日にチケットブースでの引き換えが必要なので要注意。さら

に、JR みどりの窓口などで購入した前売券や入場予約券にも、引き換えが必要なものがあるので、購入時によく確認しよう。引き換えが必要な場合、入場時にチケットブースに並ぶ時間も計画に入れておこう。
　ただし、引き換えの有無にかかわらず、前売券があれば、超混雑時で入場制限がかかった際も確実に入場できる。安心して USJ に向かうためにも、前売券の入手がオススメだ。

  WEB チケットストアでは、メッセージをつけてプレゼントできる「ギフト・パス」も販売しています。友達の婚約祝いに贈って喜んでもらえました！（鳥取県／ 27 歳／ダリア））

チケットの種類	大人	子ども
1デイ・スタジオ・パス	7900円 （65歳以上：7100円）	5400円
1デイ・スタジオ・パス （障がい者向け割引）	3950円	2700円
ロイヤル・スタジオ・パス （販売数に限りあり、WEB購入のみ）	25900円〜	23400円〜
1.5デイ・スタジオ・パス	10900円	7400円
2デイ・スタジオ・パス	13400円	9000円

　スタンダードなチケットは「1デイ・スタジオ・パス」。朝から晩まで乗り放題で楽しめる。「障がい者向け割引スタジオ・パス」は障がい者向けの1日券で、パーク指定の障がい者手帳所持が条件。障がい者1名に対して同伴者も1名まで、このパスを購入できる。2日連続で楽しみたい人には「2デイ・スタジオ・パス」がお得。「ロイヤル・スタジオ・パス」はEパス機能も付いた特別チケットで、対象アトラクションに何度でも優先して乗れるなど、超豪華な特典付き。価格は日ごと変わるので、公式サイトでチェックしよう。その他にもオリジナルメッセージ付きの「ギフト・パス」もあり、大切な人へのプレゼントにしても喜ばれること間違いなしだ。

年間パス

さらに詳しく次ページで紹介！

チケットの種類		大人	子ども
ユニバーサル年間パス	入場除外日あり	23800円	16800円
ユニバーサルVIP年間パス	入場除外日なし	36800円	22800円

　大阪近辺に住んでいる人、USJが大好きな人には、一年中楽しめる「年間パス」がオススメ。3〜4回行けば元が取れ、同伴者のスタジオ・パス割引や駐車場割引など特典も充実している。除外日ありの「ユニバーサル年間パス」と除外日なしの「ユニバーサルVIP年間パス」、さらに大人は追加料金なしでクレジットカード機能＋特典付きバージョンも選べる。

ハミ出し情報　スタジオ・パスは、これまでに食事クーポン付きなど、いろいろなタイプのものが登場しました。今後もどんな種類が登場するか楽しみ！（岡山県／40歳／USJマイスター）

年間パス そのメリットに注目！

P143 でも紹介した年間パスについて、さらに詳しく解説するよ！
USJ ファン、近郊在住の人はぜひ持っておきたいパスだ。

リピーター必携！
年間パスは便利でお得！

年間パスは、一番ベーシックな「ユニバーサル年間パス」が 23800 円。一般的にテーマパークの年間パスとしては、かなりリーズナブルといえるだろう。USJ に年に 3 回以上訪れるであろう人は、入手した方がお得だ。また、後で紹介するように、入場以外にも様々なメリットを受けることができる。

パスの種類は、P143 で紹介した通り、入場除外日のある「ユニバーサル年間パス」と、除外日のない「ユニバーサル VIP 年間パス」の 2 種類。また、

どちらもクレジットカード機能の付いた「プラス」仕様にすることも可能だ。

また、メールアドレスを登録することで、メールマガジンでパークの最新情報や、年間パス会員へのお得情報が定期的に届く。

年間パスが使えるのは、当然ながら個人情報を登録した本人のみ。購入後、初回入場時に、ゲートで顔写真の登録を行い、それ以降は顔認証システムによって顔データの照合をしてもらい、入場する形になる。

新規？継続？それとも…？
年間パスの入手方法

年間パスの購入は、新規購入の場合と、更新する場合、そして通常のスタジオ・パスをアップグレードする場合の、3 種類のケースがある。

新規購入は、「WEBチケットストア」、チケットブース、ローソン（ロッピー、ローチケ HMV）での購入が可能。購入の際、有効期限開始日を指定しよう。更新の場合は、WEB チケットストアかチケットブースで購入できる。有効期間が切れる3ヶ月前からの購入が可

能で、有効期間終了日の翌日から 1 年間有効なパスを購入できる。ただし、すでに有効期限が切れている場合は、更新ではなく新規での購入となり、改めて個人情報の登録などが必要だ。

アップグレード購入は、普通のスタジオ・パスで入場して、入場当日に年間パスとの差額を支払い、新規購入する方法。「年間パス・センター」（ステージ 14）へ、免許証や保険証など身分証明書を持って行き、購入しよう。

ハミ出し情報 クレジットカード機能を付けた「プラス」だと、プレミアム貸切イベントやシーズン先行体験に参加できるといった特典があるみたいだね。（鳥取県／30 歳／ギターライオン）

特典①　各種割引

　年間パスの特典の中で、やはり一番うれしいのが各種の割引サービスだ。まず、グループのうち誰かが年間パスを持っていると、同一入場日に限り、同伴者5名まで「スタジオ・パス」を割引価格にて購入できる。当日券のみ対象だが、大人の場合、通常より400円安いひとり7500円となる。

　また、パーキングの利用料が、乗用車1台にかぎり1000円を割引。

　さらにUSJオリジナルのレザーアクセサリー「レザートリーティ」が10％オフとなるお得な特典もある。販売場所は「カリフォルニア・コンフェクショナリー」の前のカートと「ジュラシック・アウトフィッターズ」だ。購入の際、年間パスポートをスタッフに提示するのをお忘れなく。

特典②　誕生日はさらにお得！

　年間パスを持っていると、誕生月のUSJインパがとてもお得になるって知っていたかな？

　年間パス所有者が誕生月に入場する場合、同一入場日に限り同伴者5名まで「スタジオ・パス」を、通常は大人7900円のところ、6700円でお得に購入できる。購入時は必ず同伴者と一緒に「チケットブース」に行き、「チケットブース」で年間パスと一緒に、本人の誕生月を証明できる公的書類（運転免許証、健康保険証、学生証など）をあわせて提示することがきまりだ。

　さらに、ニューヨーク・エリアの「シネマギャラリー」では、商品を買った際に5％オフとなる。こちらも精算時、年間パスと一緒に、本人の誕生月を証明できる公的書類を提示しよう。

特典③　出入り自由というメリット

　USJは、原則再入場ができない。でも、年間パスがあれば何度でも出入りできるというメリットがある。

　例えば、ランチタイムに外のピクニックエリアに出て、お弁当を食べる…なんてことが可能。これは年間パスを持っている人だけが楽しめる方法だ。あるいは、UCWまで歩いて行って、UCWのレストランで食事する、ということだってできる。また、雨具や必需品などの忘れ物に気づいた！…なんて時も、いったんパークを出て、UCWにあるコンビニやドラッグストアで調達すればいい。

　ただし当然のことながら、たとえ同伴者でも、年間パスを持っていないかぎりは再入場は基本できないので要注意。つい一緒に出たものの、自分だけ入れなくなった…！　なんてことのないように注意しよう。

ユニバーサル・エクスプレス・パス（Eパス）

持っていれば、優先的にアトラクションに乗れる「Eパス」。
その種類や入手方法について詳しく紹介するよ。

ユニバーサル・エクスプレス・パス（Eパス）とは？

「ユニバーサル・エクスプレス・パス」、略して「Eパス」とは、アトラクションの待ち時間を短縮できる有料チケット。このチケットがあれば、指定されたアトラクションにおいて、専用の通路を通って乗り場までサクサク進むことができる。イライラしながら行列に並ぶ時間を回避できるのだ。

Eパスの種類は、時期によってしょっちゅう変わる。ただ、どの時期も基本的には、「最大7つのアトラクションに対応している」タイプ、「最大4つ（もしくは3つ）に対応している」タイプの2種類に分けられる。その他、時期によって限定的に特別なタイプが販売されている。ユニバーサル・クールジャパン」などイベントに合わせて登場するEパスは種類も豊富なので目的に合わせて賢く選ぼう。なお、ウィザーディング・ワールド・オブ・ハリー・ポッターのエリア入場確約券が付いているものと付いていないものがあるので、その点も購入前にしっかり確認しておくことが大切だ。

Eパス購入のポイント

Eパスを事前に買う際は、来園日を指定する必要がある。パスは公式ホームページの「WEBチケットストア」、ローソンの「ローチケHMV」などで手に入る。なお、WEBチケットストアで受け取り方法を「ダイレクトイン」で購入した場合は、QRコードとともにチケットがスマートフォンなどの携帯端末に保存される。当日はその保存されたQRを読み取ればチケットの代わりとなるので、券をなくす心配もない。

なお、Eパスは事前購入だけでなく、来園当日でも買うことはできる。パークに来てからチケットブースあるいは、いくつかのパーク内店舗で購入すればOKだが、混雑日などは売り切れる可能性も十分あり得る。したがってやはり、事前の購入をおすすめしたい。ちなみに一部の提携ホテルでもEパスは購入できるが、こちらの場合も当日売り切れてしまったり、事前予約が必要であったりすることがある。前もってホテルに問い合わせておこう。

ハミ出し情報 ファミリーで行く人は、子どもが対象アトラクションの身長制限をクリアしているか事前に確認しよう。Eパスが無駄になる場合があるからね。（新潟県／41歳／サラバンド）

━━ Eパスの種類一覧 ━━

2018年3月18日時点で発売されている通常のEパスは以下の通り。値段は時期により変動するが、基本的に高いほど対象アトラクションが増えるので、慎重に考えたい。絶対に体験したいアトラクションや、その日の滞在時間、予算を考えて、この中から自分たちに合った最適なものを選ぼう！

Eパスの種類	価格	事前購入	当日購入
ユニバーサル・エクスプレス・パス7 〜ザ・フライング・ダイナソー〜	7600円〜	WEB／ローソン／Yahoo!チケット	WEB（ダイレクトインのみ）／チケットブース／パーク内ショップ／提携ホテル
ユニバーサル・エクスプレス・パス7 〜ファイナル・ファンタジーXRライド〜	7600円〜		
ユニバーサル・エクスプレス・パス7 〜バックドロップ〜	7600円〜		
ユニバーサル・エクスプレス・パス4 〜スタンダード〜	5200円〜		
ユニバーサル・エクスプレス・パス4 〜ザ・フライング・ダイナソー〜	5200円〜		
ユニバーサル・エクスプレス・パス4 〜ファイナル・ファンタジーXRライド〜	5200円〜		
ユニバーサル・エクスプレス・パス4 〜ファイナル・ファンタジーXRライド＆ミニオン・ライド〜	5200円		

※ 2018年3月18日時点

対象アトラクションは次ページ

Eパスのここに要注意！

　まず、Eパスの有効期限は1日のみ。たとえ2デイ・スタジオ・パスを持っていても、Eパス自体は1日しか使えないので注意しよう。

　また、Eパスを持っているからといって、決して「待ち時間ゼロ」という訳ではない。もちろん、普通に行列するよりははるかに早いけど、Eパス利用者が同時にたくさん入場すると、それなりに20〜30分待つこともあるようだ。

　最後に一番注意したいのが、時間指定について。"ハリポタ"・エリアのライドや、「ザ・フライング・ダイナソー」、「ハリウッド・ドリーム・ザ・ライド〜バックドロップ〜」など行列必至のアトラクションは、時間指定制になっている。決められた時間帯以外は使えないので、「指定時間帯に行きそびれた！」なんてことになると、Eパスが無駄になってしまう。注意しておこう。

対象アトラクション

E パスの種類	対象アトラクション
ユニバーサル・エクスプレス・パス 7 〜ザ・フライング・ダイナソー〜／〜ファイナルファンタジー XR ライド〜／〜バックドロップ〜	ザ・フライング・ダイナソー（対象パスのみ）／ファイナルファンタジー XR ライド（対象パスのみ）／ハリウッド・ドリーム・ザ・ライド〜バックドロップ〜（対象パスのみ）【ウィザーディング・ワールド・オブ・ハリー・ポッターエリア入場確約券付き】ハリー・ポッター・アンド・ザ・フォービドゥン・ジャーニー 完全版（時間指定）、フライト・オブ・ザ・ヒッポグリフ（時間指定）、ミニオン・ハチャメチャ・ライド（時間指定）、アメージング・アドベンチャー・オブ・スパイダーマン・ザ・ライド 4K3D or ジョーズ、ハリウッド・ドリーム・ザ・ライド or バックドラフト、ジュラシック・パーク・ザ・ライド or ターミネーター 2:3-D
ユニバーサル・エクスプレス・パス 4 〜スタンダード〜	【ウィザーディング・ワールド・オブ・ハリー・ポッターエリア入場確約券付き】ハリー・ポッター・アンド・ザ・フォービドゥン・ジャーニー 完全版（時間指定）、ミニオン・ハチャメチャ・ライド（時間指定）、アメージング・アドベンチャー・オブ・スパイダーマン・ザ・ライド 4K3D or ジュラシック・パーク・ザ・ライド、ジョーズ or バックドラフト or ターミネーター 2:3-D
ユニバーサル・エクスプレス・パス 4 〜ザ・フライング・ダイナソー〜	【ウィザーディング・ワールド・オブ・ハリー・ポッターエリア入場確約券付き】ハリー・ポッター・アンド・ザ・フォービドゥン・ジャーニー 完全版（時間指定）、ザ・フライング・ダイナソー、アメージング・アドベンチャー・オブ・スパイダーマン・ザ・ライド 4K3D or ジュラシック・パーク・ザ・ライド、ジョーズ or ターミネーター 2:3-D or バックドラフト
ユニバーサル・エクスプレス・パス 4 〜ファイナルファンタジー XR ライド〜	ファイナルファンタジー XR ライド（時間指定）、ザ・フライング・ダイナソー（時間指定）、アメージング・アドベンチャー・オブ・スパイダーマン・ザ・ライド 4K3D or ハリウッド・ドリーム・ザ・ライド or ジュラシック・パーク・ザ・ライド、ジョーズ or ターミネーター 2:3-D or バックドラフト
ユニバーサル・エクスプレス・パス 4 〜ファイナルファンタジー XR ライド＆ミニオン・ライド〜	ファイナルファンタジー XR ライド（時間指定）、ミニオン・ハチャメチャ・ライド（時間指定）、ハリウッド・ドリーム・ザ・ライド、ターミネーター 2:3-D or バックドラフト

※ 2018 年 3 月 18 日時点

E パスは値段が変わる！

　実は E パスは日によって、1000 円〜3000 円近く価格差がある。冬の平日などは安いが、お盆休みやゴールデンウィークなどのシーズン中は、最も価格が上がる。つまり、E パスの効力を発揮できる時期になればなるほど、値段が上がるという訳だ。実に食事 1 食分ぐらいの値段の差があるのだから、慎重に確認しておきたい。

　公式サイトの「WEB チケットストア」には、3 ヶ月先までの料金カレンダーが掲載されている。自分の予定と照らし合わせて購入にはいくらかかるのか、確認しておこう。

ハミ出し情報　E パスが売り切れている日も、当日の朝、チケットブースと WEB チケットストアで少量だけ発売されるというウワサ。ラッキーだったのか、僕も買えたよ。（大阪府／ 26 歳／猫マニア）

シングルライダー

仲間と一緒じゃなくても大丈夫という人にオススメしたい、
待ち時間をググッと短縮できる裏ワザを紹介しよう。

ひとりでもOKなら優先的にライド

「シングルライダー」とは、例えば4人がけのアトラクションに3人グループが乗った場合など、余った1席を「ひとりでもOK」という人に優先的に案内するシステム。これを使えば、家族や仲間と一緒に乗れない代わりに、グループ利用時よりも待ち時間を短縮できる。知らない人と隣り合うのが苦手な人には向かないかもしれないが、行列を回避してアトラクションを効率的に回りたい人、パレードやショーの場所取りで荷物番とライドを交代で行おうと考えている家族などには、まさにうってつけのサービスといえる。シングルライダー専用の列があるもの、Eパス利用者の列に並ぶものなどがあり、いずれにしてもクルーに「シングルライダーで」と声をかければ、適切に案内してくれるはずだ。ただし、対象アトラクションでも混雑時をはじめ日時によっては実施しなかったり、シングルライダーでも待ち時間が長くなったりするので、アトラクション前のクルーに聞いてみよう。

アトラクションごとに対策するのが◎！

シングルライダーの対象アトラクションは、「エルモのゴーゴー・スケートボード」「ハリウッド・ドリーム・ザ・ライド」「ハリウッド・ドリーム・ザ・ライド〜バックドロップ〜」では利用不可）「スペース・ファンタジー・ザ・ライド」「アメージング・アドベンチャー・オブ・スパイダーマン・ザ・ライド 4K3D」「ザ・フライングダイナソー」「ジュラシック・パーク・ザ・ライド」「ジョーズ」となっている。待ち時間や受付状況などはアトラクションごとに異なる。また、シングルライダーは基本的に端の席を割り振られるので、運良く絶景を満喫できることもあれば、見たい側とは逆側となってしまうこともあることは承知しておきたい。いずれにしろ、Eパスなしでもスイスイとアトラクションに乗れる便利なシステムなので、利用しない手はない。

ハミ出し情報 シングルライダー同士で隣り合うことも、まれにあるんだよね。僕の友人は、隣り合ったシングルの女の子とそのまま友達になっちゃったんだよね〜。(京都府／27歳／マロ)

チャイルドスイッチ

**規定身長に満たなかったり、怖がりの子どもがいても大丈夫！
このサービスでパパもママもアトラクションを満喫しよう。**

小さい子ども連れに便利！
付き添い者は交互にライド

「チャイルドスイッチ」とは、身長制限などで乗れない子どもと一緒でも、付き添い者たちは1回分の待ち時間で交互にアトラクションを楽しめるサービス。利用方法は、まず入口付近でクルーに申し出て並び、ライドが近づいたら付き添い者のひとりは子どもと待機部屋に移動。そして乗った人が戻ってきたら、子どもの世話役と乗り手が交代するという流れ。ちなみに、例えば4人家族でライドできる子どもがひとり＋できない子どもがひとりといった場合、クルーの好意により、ライドできる子どもはパパ、ママそれぞれと一緒に2回連続で乗れることもある。付き添い者は、子どもの世話が可能であれば親でなくてもOK。なお、ライド系だけでなくショー系でもいくつか利用できる。イスが動くためひとりで座る必要があるものや、激しいシーンのあるものなどが対象だ。積極活用して、大人も心置きなく楽しもう。

サービスが利用できるアトラクション一覧

エリア	対象アトラクション
ウィザーディング・ワールド・オブ・ハリー・ポッター	ハリー・ポッター・アンド・ザ・フォービドゥン・ジャーニー 完全版、フライト・オブ・ザ・ヒッポグリフ
ミニオン・パーク	ミニオン・ハチャメチャ・ライド
ハリウッド・エリア	シュレック 4-D アドベンチャー、セサミストリート 4-D ムービーマジック、ハリウッド・ドリーム・ザ・ライド／〜バックドロップ〜、スペース・ファンタジー・ザ・ライド
ニューヨーク・エリア	アメージング・アドベンチャー・オブ・スパイダーマン・ザ・ライド 4K3D、ターミネーター 2:3-D
サンフランシスコ・エリア	バックドラフト
ジュラシック・パーク	ジュラシック・パーク・ザ・ライド、ザ・フライング・ダイナソー
アミティ・ビレッジ	ジョーズ
ユニバーサル・ワンダーランド	フライング・スヌーピー、ハローキティのカップケーキ・ドリーム、エルモのバブル・バブル、エルモのゴーゴー・スケートボード、モッピーのバルーン・トリップ、スヌーピーのグレートレース

ハミ出し情報 「スパイダーマン」のチャイルドスイッチの待機部屋は快適！ 待ち合い通路で流れるのと同じとおぼしきアニメを観ながら待つことができます。（佐賀県／35歳／キラちゃんのママ）

よやくのり

ユニバーサル・ワンダーランドだけで利用できる「よやくのり」
アトラクションの乗車時間を予約できるシステムだ。

よやくのりが使えるのは 5つの人気アトラクション

子ども向けエリア、ユニバーサル・ワンダーランドのアトラクションは、どれもEパスに対応していない。そのかわり、ライド系アトラクションは「よやくのり」という無料の予約システムが使える。これは専用の発券機を使って、利用時間を指定すれば、「よやくのり」チケットが発行され、指定時間になれば、そのチケットを持ってアトラクションに行けば、専用の入口から待ち時間なしで入れるというもの。

よやくのりを実施しているアトラクションは、「エルモのバブルバブル」、「スヌーピーのグレート・レース」「モッピーのバルーン・トリップ」、「エルモのゴーゴー・スケートボード」、「フライング・スヌーピー」の5つ。子ども&付き添い者での乗車を前提とした「エルモのバブルバブル」をのぞけば、大人だけでも楽しめるアトラクションばかり。せっかく無料なのだから、このシステムをうまく利用して効率的に楽しもう。

よやくのりの発券には スタジオ・パスが必要

よやくのりの発券機は、すべて該当アトラクションの近くに設置してある。「モッピーのバルーン・トリップ」と「エルモのゴーゴー・スケートボード」のみ発券所は共通だ。場所が分からなければ、近くのクルーにたずねよう。発券の際は、3歳以下の子どもを除く利用者全員のスタジオ・パスが必要だ。

発券は、まず全員分のスタジオ・パス裏のQRコードを機械の端末にかざそう。枚数が表示されるので、正しければ画面の「OK」を押す。次に、3歳以下の子どもが乗るか乗らないかを選択。乗る場合は、画面上に現れた3歳以下の子どもの乗車人数のボタンを選択しよう。

すると、希望入場時間の候補が、最速のものから順にボタン表示されるので、乗りたい時間帯のボタンにタッチしよう。すると、発券口から予約券が発券されるぞ。ちなみに、券は人数分ではなくグループにつき1枚発券されるぞ。

ハミ出し情報 「エルモのバブルバブル」はライドの動きもゆっくり、乗り降りもゆっくりで意外と待ち時間が長い。「よやくのり」を活用すべし！（埼玉県／34歳／荒木ニッチロー）

ベビーカーの利用

小さい子連れのファミリーは前もって知っておきたい、
USJ でのベビーカー利用事情を紹介します。

お店の通路も広々！ ベビーカーにやさしい USJ

実際にベビーカーを押すファミリーの姿もしばしば見かける USJ。屋外の通りはもちろんだが、レストランやショップの通路も比較的広めにつくられているところが多く、よほどの混雑時でなければベビーカーで店内も楽に移動することができるだろう。

ただし、アトラクションは基本、指定の置き場にベビーカーを置いてからの入場になる。これはライド系、ショー系ともに共通のきまりだ。ベビーカー置き場は入口から若干離れている場合もあるので、近くのクルーに場所を確認しよう。また、屋根がない場所もあるので、天気が悪い日は、レインカバーなどを持参した方がいい。また、シーズン時はかなりの台数が停めてあるので、自分のベビーカーが分かりやすいよう、ハンカチなどで目印をしておくのがオススメ。間違いや盗難のリスクもゼロではないので、100均などで買えるワイヤーロックのカギなども用意しておけば安心だ。

お金はかかるけど何かとラク！ ベビーカーレンタルの利用

USJ では、ベビーカーのレンタルも行っている。ゲートをはいってすぐ右側の奥に、レンタルカウンターがあるのでそこで申し込もう。なお、返却する場所も同じだ。料金は、1 人用・1 台につき 1000 円。少々お高めだが、行き帰りの面倒さや盗難のリスクなども考えるとメリットは多い。台数のストックはkなりあるようだが、限りがあるのも確か。夏休みなど混雑シーズンは、午前中に申し込む方が安心だ。借りられるベビーカーは、リクライニングと日よけが付いていて、黒と赤を基調としたシンプルなデザイン。USJ の公式ホームページに写真が載っている。

利用について特に年齢制限はないが、大体 3 歳ぐらいの子までに、ちょうど良いくらいのサイズだ。

利用はパーク内のみだけで、駐車場までは使えないので要注意。また、レインカバーも付いていないので、雨の日はレインカバーを持参するなど対策を。

"ハリポタ"・エリアのベビーカー置き場は屋根なし。レインカバーがなかったので、さっき使った
簡易ポンチョを被せといたよ（笑）。（大阪府／ 28 歳／りるりるママ）

レストラン優先案内

いざ食事タイム！ となると、行列していることも多いのでは？
実はレストランの入場を時間指定できる便利なサービスがあるのだ。

好きな時間に食事できるから、パーク内での予定も立てやすい！

USJでは、一部のレストランで利用できる「レストラン優先案内」サービスがある。これは、あらかじめ来店の時間帯を指定することで、優先的に席へ案内してもらえるシステム。予約ではないので、混雑時には若干の待ち時間が生じる場合もあるが、それでも行列することなく食事ができる。ただでさえお腹が空いている状態で並んで待つのは結構キツいもの。特にデートなどでは、幸せムードを壊さないよう、ぜひ活用したい。

利用方法は、来場当日1ヶ月前〜前日に公式WEBサイトで申し込むか、当日に利用可能なレストランのクルーへ希望の時間帯を伝えるかの2通り。申し込んだ後は、受付の時間枠内にレストランに行って名前を伝えれば、行列の先頭に案内され、席が空き次第、優先的に席に案内してくれる。ただし席の指定などはできないので、心得ておこう。また、入場時にはグループ全員が揃っていなければならないので、その点も要注意。

利用者限定のオプションサービスもあり！

レストラン優先案内が利用できるのは、ニューヨーク・エリアにある「パークサイド・グリル」、「アズーラ・ディ・カプリ」、「フィネガンズ・バー＆グリル」、「SAIDO」の4店。どのレストランもテーブルサービスの高級店で、人気も高い。普通にお昼時に入ろうとすれば行列する可能性の高い店ばかりなので、ぜひこのサービスを利用して来店してみよう。

また、利用者限定で、特別な日のお祝いのための「特製アニバーサリーケーキ」を注文できる。3〜4人前のストロベリー・ショートケーキで、記念撮影のフォトサービスや、キャンドルプレゼント、メッセージを入れたチョコレートプレートの提供といった特典も付いてくる。バースデーのお祝いや、入学・卒業・就職祝い、結婚祝いなどに使ってみよう。こちらは優先案内で利用希望日の3日前までに連絡が必要なので要注意。

 彼女の誕生日に利用しました。人気店にすっと入れ、事前にお願いしたケーキに彼女も感激してくれました。優雅な気分が味わえるのでオススメです！（大阪府／27歳／フランドル）

ユニバーサル VIP ツアー

USJ ビギナーも、すみずみまで知りたい熱烈ファンもうれしい！
「ユニバーサル VIP ツアー」で贅沢なひと時を味わおう

話題のハリポタエリア＋αを 優先案内で巡る

USJ をより深く味わいたい、という人は「ユニバーサル VIP ツアー」を利用しよう。専属ツアーガイドがパークの秘密や豆知識を紹介しながら案内してくれる。行き先は、"ハリポタ"・エリア内で「ハリー・ポッター・アンド・ザ・フォービドゥン・ジャーニー 完全版」「フライト・オブ・ザ・ヒッポグリフ」「オリバンダーの店」の３つへ優先案内、さらに人気アトラクションの中から３つを優先的に乗れる（対象アトラクションは「アメージング・アドベンチャー・オブ・スパイダーマン・ザ・ライド 4K3D」「ハリウッド・ドリーム・ザ・ライド」「ジュラシック・パーク・ザ・ライド」「ジョーズ」「ターミネーター 2:3-D」「バックドラフト」）。ひとつはツアー中に案内し、残りふたつは配られた E パスで各自体験）となっている。所要およそ３時間、たっぷりじっくり VIP 気分に浸れそうだ。

参加者専用の入口からイン！ レストラン割引やプレゼントも

アトラクション優先案内だけでなく、専用入口からのパーク入場、「三本の箒」「パークサイド・グリル」といったレストランでの 10％割引、参加証・ペットボトルドリンク・ポンチョのプレゼントといった特典もうれしいところ。価格は大人・子ども共通で（1 度で 10 名まで購入可）9900 円、3 歳以下の子どもはもちろん無料。チケットは「WEB チケットストア」でクレジットカード決済の場合、入場 2 日前まで販売され、受取方法はパーク外のゲストサービス横「スタジオ・ツアー受付」での引換えのみ。チケットブースでの引換えは不要だ。ただし当日に空きがあれば、「スタジオ・ツアー受付」で当日販売が行われる。10 時開始の回を皮切りとする 1 日 5 ツアーが基本。対象アトラクションはメンテナンスを行うための運営休止期間があるので、チェックして出かけたい。

154 | **ハミ出し情報** VIP ツアーのアトラクション、幼い娘のいる私でもチャイルドスイッチを利用して乗れました。パパやママも気兼ねなく参加しましょう。（島根県／ 25 歳／ぷりきゅあ）

USJ のアプリ& SNS

**USJ 通にはもうおなじみの、スマホ用公式アプリや SNS。
情報満載なこれらをフル活用して、USJ をもっと深く、広く楽しもう！**

USJ を十二分に楽しみたいなら、公式アプリをダウンロード

スマートフォンを持っているなら、ぜひ事前に無料の公式ガイドアプリをダウンロードしておこう！　この公式ガイドアプリでは、GPS を利用して、自分の今いる位置から、各アトラクションまでの距離や、リアルタイムでアトラクションの待ち時間が確認できる。また、ショーやアトラクションの最新スケジュールがひと目でわかるので、臨機応変に計画を立てたり変更するのに役立つのだ。さらにトイレや喫煙所なども検索することができるのでいざ

という時に何かと便利。

ガイド機能と並んでうれしいのが、キャンペーンやクーポン情報。メーキャップキットやゲームなどが安くなったりするので、ぜひチェックしておきたい。その他、WEB チケットストアへのリンクや、イベント用の AR カメラなどもある。

アプリは、iPhone 用、Android 用があり、公式 WEB サイトに QR コードやアプリショップへのリンクがあるので、そこからダウンロードしよう。

SNS を活用して、USJ 通になっちゃおう！

USJ は Facebook やツイッターなど SNS での情報発信も行っている。

Facebookでは、楽しいイベントや、グルメなどの情報が満載の公式ページのほか、USJ で生まれたセサミ・キャラクター、モッピーのページも。そのかわいい姿とコメントをたくさん見ることができる。この両ページをいつもチェックしておけば、USJ 通になれること間違いなしだ。

また、ツイッターでは、イベントの

情報などをさらに細かく配信しているので、USJファンはぜひフォローしておこう。時折、ツイッターを用いたプレゼント・イベントなどもある。ちなみに、ハッシュタグ「#USJ」でツイッターを検索すると、一般の来場者の投稿を見ることができる。当日パークで遊んでいる人がリアルタイムで投稿することも多く、思わぬ役立ち情報を得ることもあるはず。自分が投稿する際も、ぜひ「#USJ」を付けて投稿しよう。

ハミ出し情報　SNS をマメにチェックする USJ ファンですが、公式アプリも初めて利用してみました。待ち時間がひと目でわかるので、スイスイ回れて便利！　手放せません。（京都府／ 36 歳／ゆき）

困った時は…便利施設をチェック

**USJにはゲストが快適・安全に過ごせるための各種サービス施設がある。
これらの施設を知っておけば、より安心して1日を過ごせるはずだ。**

困ったらゲート付近に行くべし！

右に紹介するように、かゆいところに手が届く、たくさんの便利なサービスを備えたUSJ。ゲストがパーク内で快適に過ごせることを考えてくれていることがよく分かる。

実はこれらの便利施設のほとんどが、エントランス周辺に存在している。だから何か困ったことがあれば、まずはエントランスの方まで来るといい。

ちなみに、総合カウンターともいうべき、「ゲストサービス」はエントランスを入ってすぐ左側。仮に、他のサービスのある場所がよく分からなかったとしても、とりあえずここに駆け込めば、適切な案内をしてくれるはずだ。

また、トイレについても触れておきたい。トイレは各エリアに点在しているので、もし急にトイレに行きたくなっても、慌てず地図を確認して、近場のトイレに行こう。ちなみに飲食施設以外のパーク内トイレには、どれも男女各1台、ベビーケア用のベッドが備え付けてあり、紙オムツも廃棄できるようになっている。

ファミリーにうれしいサービス

ゲストサービス内および、ユニバーサル・ワンダーランド内「ハローキティのリボン・ブティック」横には、ファミリーサービスと呼ばれる施設がある。ここは、赤ちゃんや幼児の世話を気兼ねなくしてもらうことを目的としたスペースだ。特に充実しているのは、ゲストサービス内のファミリーサービス。まず5台のオムツ交換台と、オムツを捨てるための専用のゴミ箱がある。奥は離乳食を子どもにあげるた

めのエリアになっていて、簡単な流し台があり、さらに電子レンジ、給湯器、ゴミ箱を完備。自宅から持参した離乳食を温めたり、粉ミルクをお湯に溶いたりすることができる。加えて、大人用のイスだけではなく、ちゃんと子ども用のテーブル付チェアーもあるのがうれしい。また、授乳のための、個室も備えている。安心のサポートが充実しているので、ママさん＆パパさんも存分にUSJを楽しもう！

ハミ出し情報 大量におみやげを買った時は、ホームデリバリーの活用が断然オススメです。特に閉園直後は電車も激コミだから、荷物が多いとかなりツライ！（愛知県／30歳／クロックス）

ゲストサービス／迷子センター

エントランスを入ってすぐ左側にある。交通案内や、遺失物問い合わせ、拾特物預かり、伝言メッセージの預かり、記念スタンプサービスなどを行う、総合カウンター。アーノルド・シュワルツネッガーの書が飾ってある。

ファーストエイド

エントランスを入って右側にある、看護師が常駐する救護室。パーク内で急に具合が悪くなったり、転んだりしてケガをした時は、すぐにここへ駆け込もう。専門知識を備えた看護師が適切な処置をしてくれる。

ホームデリバリーサービス

受付カウンターは、エントランス外のショップ「スタジオギフト・イースト」内または、パーク内「ユニバーサル・スタジオ・ストア」内。有料で、パーク内で購入した商品をオリジナル・ボックスに入れて配送してくれる。

ATM

エントランス外「スタジオギフト・ウエスト／イースト」近くにイオン銀行、ゲート内「バックロット・アクセサリー」近くに三井住友銀行、「ダークルーム」内にイオン銀行ATMがある。万が一遊んでいる途中でお金が不足しても安心。

コインロッカー

エントランスを入って右側と、エントランス外に3か所あり、小・中・大で400円、600円、1000円。ユニバーサル・ワンダーランド内には出し入れ自由型のタイプがあり、500円で使用後に100円返却される。

ベビーカーレンタル

エントランスを入って右側に受付カウンターがある。レンタルできるのは、ひとり用でリクライニングありタイプのみ。料金は1000円で、利用できるのはパーク内のみ。ハンカチを巻くなど、分かりやすい目印を付けておこう。

ケンネル

ゲート外、駐車場側にある有料のペット一時預かりサービス。料金は1匹3000円。利用の際には身分証明書の提示が必要。また、給餌は行わないので要注意。人工芝のプチドッグランも無料で利用できる。

スタジオ・インフォメーション

「メルズ・ドライブイン」前と、ジュラシック・パークとサンフランシスコ・エリアを結ぶ橋付近にある電子掲示板。現在のアトラクションの待ち時間や運休状況、ショーの開始時間などを表示している。

ハミ出し情報　ゲストサービス内は、シュワルツネッガーの書以外に、これまでゲスト有名人がUSJに残したグッズやサインが見られます。一度入ってみて。（高知県／30歳／ヤーヤーヤー）

持っていきたい便利グッズ

スタジオ・パス、おサイフ…必需品はもうそろえているはず。
ここではパークに持っていくとちょっと便利なグッズを紹介しよう。

トートバッグ

折りたたんでコンパクトにしまえるタイプのトートバッグ。買ったおみやげをまとめられて便利だ。

ウェットティッシュ

フードカートの食べ物を食べる時など、結構手や口が汚れがち。そんな時に大活躍してくれるはず。

日焼け止め

せっかく塗った日焼け止めも、汗やアトラクションの水濡れで落ちる可能性大。持っていると安心だ。

ポータブル充電器

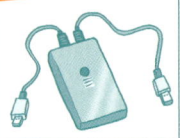

アプリを使ったり動画を撮ったりしていると、電池の減りも早い。電池が切れた非常時用にあると助かる。

ビニール袋

水濡れ対策で靴に被せたり、携帯など電子機器を保護したり、普通にゴミを入れるなど用途様々。

タオル

汗や水濡れの水を拭くのはもちろん、ちょっとした敷物などにも利用できる。1枚余分にあると何かと便利。

カイロ

冬、夜のパレード時は相当寒いので、あると助かる。友達の分も余分に持っていると人気が上がるかも？

髪留めのゴム

髪が長い人は、激しいライド系に乗る時に使おう。ライド後にバクハツした頭を見せなくてすむ。

傘・カッパなど

微妙な天気の日は、必ず持参を。パーク内でも売っているが、突然の雨などでは売り切れる可能性あり。

ハミ出し情報 僕はいつも入園前に、UCWのドラッグストアで、カイロやウェットティッシュを買ってる。値段もお得だしね。そして栄養ドリンクも買って飲んで、いざ出陣！（奈良県／17歳／ダイゴ）

アトラクションの制限一覧

各アトラクションの制限を一覧にまとめたので、事前に確認しておこう。
パークに着いてから「制限にひっかかった！」ってことのないようね。

エリア	アトラクション名	掲載ページ	身長制限（同伴者あり）	妊娠中	ウィッグ着用
ウィザーディング・ワールド・オブ・ハリー・ポッター	ハリー・ポッター・アンド・ザ・フォービドゥン・ジャーニー	40	122cm	×	
	フライト・オブ・ザ・ヒッポグリフ	42	122cm（92cm）	×	×
ミニオン・パーク	ミニオン・ハチャメチャ・・ライド	8	122cm（102cm）	×	
ハリウッド・エリア	シュレック 4-D アドベンチャー	66		×	
	セサミストリート 4-D ムービーマジック	68		×	
	ハリウッド・ドリーム・ザ・ライド／〜バックドロップ〜	72	132cm	×	×
	スペース・ファンタジー・ザ・ライド	74	122cm（102cm）	×	
ニューヨーク・エリア	アメージング・アドベンチャー・オブ・スパイダーマン・ザ・ライド 4K3D	88	122cm（102cm）	×	
	ターミネーター 2:3-D	90		×	
サンフランシスコ・エリア	バックドラフト	100		×	
ジュラシック・パーク	ジュラシック・パーク・ザ・ライド	108	122cm（107cm）	×	
	ザ・フライング・ダイナソー	110	132cm以上198cm未満	×	×
アミティ・ビレッジ	ジョーズ	116	1名の場合122cm以上	×	
ユニバーサル・ワンダーランド	フライング・スヌーピー	122	122cm（92cm）	×	
	スヌーピーのグレート・レース	123	122cm（92cm）	×	×
	ハローキティのカップケーキ・ドリーム	124	1名の場合122cm以上	×	
	エルモのゴーゴー・スケートボード	125	122cm（92cm）	×	
	モッピーのバルーン・トリップ	126	122cm（92cm）	×	
	セサミのビッグ・ドライブ	127	大人不可	×	
	ビッグバードのビッグトップ・サーカス	128	1名の場合122cm以上	×	
	エルモのリトル・ドライブ	128	大人不可	×	
	エルモのバブル・バブル	129	122cm（92cm）	×	

※特筆すべき制限のないアトラクションは記していません
※同伴者の記載がないものは、同伴者の有無に限らずその身長以上が必要です

身長制限のあるアトラクションは、入口前に身長を計れるバーがあるよ。チェックは結構厳しいけど、安全を確保するためには仕方ないよね。（静岡県／35歳／よこっち）

見ごたえ満点 ストリート・ショー

**見ごたえ満点な、パークの路上で行われるパフォーマンス。
過去のショーも含めて、体験口コミを紹介しよう。**

※ストリート・ショーのプログラムは頻繁に更新されます。すでに上演が終了しているものもあるのでご了承ください。

ターン・アップ・ ザ・ストリート

【エリア】ハリウッド・エリア
【ジャンル】ダンス、ボーカル、演奏

ロボットやラッパーとダンス!

最初はロボットが登場して、カワイイ動きでダンスします。するとダンサー、ラッパー、ギタリスト、など次々と種類の違うパフォーマーが登場して、ノリノリのショーを見せてくれます。今はお休み中かも。（大阪府／20歳／こりん君）

ヴァイオリン・ トリオ

【エリア】ニューヨーク・エリア
【ジャンル】演奏

息のピッタリ合った演奏が楽しい

超絶テクニックを持つヴァイオリスト3人組の息の合った演奏を楽しみました。演奏もさることながら、揃いでアクションを決めたりと耳も目も楽しませてくれるんです。また復活してほしいな。（富山県／31歳／男一匹）

トライウィザード・ スピリット・ラリー

【エリア】ウィザーディング・ワールド・ オブ・ハリー・ポッター
【ジャンル】アクロバット、ダンス

魔法学校の試合を楽しめる

ふたつの魔法学校との試合の様子を見せてくれます。男性陣は杖を使った力強いアクロバット、女性はリボンを使った新体操的な美しいパフォーマンスです。間近で観るプロの技には魅了されますね。（京都府／30歳／茶巾トン）

  昔、ジュラシック・パークで、本物そっくりの恐竜がノシノシ歩き回るショーがあったんだよね〜。あれはぜひ復活してほしい！（神奈川県／32歳／鬼瓦権三郎）

ミニオン・スーパー・グリーティング

【エリア】ハリウッド・エリア
【ジャンル】グリーティング

あのミニオンズと触れ合える！

ミニオンたちと触れ合ったり、一緒に写真を撮ったりできるグリーティングです。ボブやデイブ、ケビンたちに会えるなんてファンとしてはたまりません。ただ、実施中はかなり人で混み合うので要注意。（長野県／22歳／ねっздコ）

R&B ザ・ボイス

【エリア】ハリウッド・エリア
【ジャンル】ボーカル

ソウルフルな歌声に感動

今はお休み中みたいだけど、男女混成4人組のコーラス・ショーです。その名の通り、R&B（リズム・アンド・ブルース）の名曲を歌いまくってくれます。魂のこもった歌声と楽しい振り付けが最高です！（新潟県／41歳／キヨシロー）

ワンダーランド・ハッピー・グリーティング

【エリア】ユニバーサル・ワンダーランド
【ジャンル】グリーティング

イベント時は見逃せない！

セサミストリート、スヌーピーなど漫画『ピーナッツ』、ハローキティの仲間たちと会えるグリーティングです。イースターやクリスマスなど季節のイベント時は、それに合わせた格好で登場してくれます。（長崎県／38歳／納豆好き）

フロッグ・クワイア

【エリア】ウィザーディング・ワールド・オブ・ハリー・ポッター
【ジャンル】ボーカル

伴奏役のカエルがカワイイ！

「クワイア」とは聖歌隊のこと。ホグワーツ魔法魔術学校の生徒たちが、素晴らしいコーラスを聴かせてくれます。しかも伴奏は、生徒たちが持つ巨大なカエルが発する低音。これが実に愛らしいんです。（千葉県／25歳／ココボット）

 ハミ出し情報　同じショーでも、時期によってパフォーマーが変わっていたりするって知ってた？　USJ通は、その微妙な変化も楽しむべし！（大阪府／25歳／爆裂都市サンダーロード）

USJ のキャラクター解説＆目撃情報

USJ にはどんなキャラクターがいるのだろう？
パークでキャラに遭遇した、みんなの口コミ情報を紹介するよ

ウッディー＆ウイニー・ウッドペッカー

【エリア】ハリウッド・エリア
【場　所】エントランスなど

今やレア・キャラかも？

ウッディー＆ウイニー・ウッドペッカーは、USJ のメイン・キャラクター！でも最近は他のキャラたちの活躍で、あまり姿を見かけないかも…。私は朝イチのゲートで彼らに遭遇できました！（島根県／ 34 歳／出雲のイアン）

スヌーピー

【エリア】ユニバーサル・ワンダーランド
【場　所】「フライング・スヌーピー」前など

チャーリーやルーシーも！

子どもの頃から大好きだったスヌーピーに遭遇！しかもチャーリーやルーシーも一緒でした！さすがの人気者だけに登場と同時に人に囲まれてましたが、無事 2 ショットが撮れました！（宮崎県／ 33 歳／ウッドストッ子）

ハローキティ

【エリア】ハリウッド・エリア
【場　所】ハリウッド大通りなど

USJ イチのおしゃれさん

世界中の女の子の憧れ、キティちゃん。衣装も常にステキです。ワールドワイドな人気者だから、登場すると外国人観光客もたくさん集まって大変な人だかりができます。スキを狙って 2 ショットを！（山口県／ 29 歳／ガガっち）

ハミ出し情報　キャラクターに会いたいのなら、朝イチのゲート前が一番オススメ。キャラが総出でお出迎えしてくれていることが多いからね。（大阪府／ 18 歳／ことりの国の住人）

ミニオンズ

【エリア】ハリウッド・エリア
【場　所】エントランスなど

それぞれの個性を見分けよう

「ミニオン・スーパー・グリーティング」で大人気の彼らに間近で会えました。似ているようで、それぞれ個性があるんですよね。事前にキャラの名前と特徴を覚えておくとより楽しめるかも!(北海道／30歳／ミニミニミニオン娘)

セサミストリートの仲間たち

【エリア】ハリウッド・エリア
【場　所】ハリウッド大通りなど

カラフルで愛嬌たっぷり！

エルモやクッキーモンスター、ゾーイ、アニー＆バートなど、カラフルでキュートなセサミの仲間たちを発見。触ると手触りも気持ち良かった(笑)。出会えた興奮のあまり、ショップでセサミのぬいぐるみも買ってしまった…。(大分県／33歳／シャケの切り身が好き)

シュレック＆フィオナ姫

【エリア】ユニバーサル・ワンダーランド
【場　所】「シュレック4-D
　　　　 アドベンチャー」前など

見た目はゴツいけどやさしい

緑の岩が歩いてる?と思ったら、シュレックとフィオナ姫でした(笑)。シュレックは見た目こそゴツいけど、握手してくれたりとても気さく。後で聞いたら彼らはめったに見られないレア・キャラなんだって。(京都府／21歳／ちい)

マリリン・モンロー

【エリア】ハリウッド・エリア
【場　所】ハリウッド大通りなど

USJの激レア・キャラ!?

あの伝説の女優、マリリン・モンローそっくりのキャストが歩いてた! 超セクシーで、思わず見とれた…。ウワサによるとかなりのレア・キャラみたいなので、会えたらいいことあるかも、なんてね。(奈良県／45歳／飯田橋博士)

ハミ出し情報　ハリウッド・エリアの路上でスマホをいじってたら、ポンポンと肩を叩かれて…振り向くとなんとウッディー! イタズラ好きなヤツです。(愛知県／19歳／バラクータ)

記念撮影はココで！ フォトオポチュニティ

パーク内に点在する記念撮影に最適なスポット。
有料のサービスから自由に撮影できる場所まで紹介しよう。

ジョーズ・フォト

【エリア】アミティ・ビレッジ
【場　所】「ジョーズ」入口前

吊るされたジョーズと記念撮影

USJの撮影スポットでも特に有名なのがココ。吊るされた巨大サメの口に頭を入れて、かけ声は「はい、ジョーズ!」。専任のカメラマン・クルーが撮影する、フォルダ入りの写真も買うことができるよ。（千葉県／24歳／マカフシギ）

アメージング・スパイダーマン・フォト・オポチュニティ

【エリア】ニューヨーク・エリア
【場　所】「ワンダーピックス」向かいの路地

ぶら下がるスパイダーマン

1作目の映画のシーンそのままの、路地でぶら下がるスパイダーマンと一緒に記念撮影できます。ここもクルーが撮影してくれるスポットで、カッコいいフォルダ入りの写真も買えますよ。（神奈川県／25歳／USJ衛門見参）

ハローキティのフォト・ショップ

【エリア】ユニバーサル・ワンダーランド
【場　所】「ハローキティのリボン・コレクション」

キティちゃんをひとり占め

アトラクション「ハローキティのリボン・コレクション」では、最後にスタジオでキティちゃんと一緒に撮影できます!
　ただし持参のカメラでは撮影不可で、特製フォルダに入りの写真を買う形です。（大阪府／20歳／ゆきえ）

ハミ出し情報　クルーが撮影するフォト・オポチュニティでは、無料で1枚だけ、手持ちのカメラ・携帯で撮影してくれます。クルーの写真は買わなくてもOKですよ。（千葉県／32歳／まめ蔵）

ホグワーツ特急の フォト・オポチュニティ

【エリア】ウィザーディング・ワールド・
　　　　オブ・ハリー・ポッター
【場　所】エリア入口すぐ

ホグワーツへの旅を疑似体験

ホグワーツ特急内のコンパートメントを再現したセットで撮影してもらえる有料サービス。窓外の景色も映るので、本当に乗っているような仕上がりになります。杖とマフラーも無料で貸してくれます。（石川県／24歳／医大生）

ジュラシック・ パーク・フォト

【エリア】ジュラシック・パーク
【場　所】「ジュラシック・アウト
　　　　フィッターズ」入口

大迫力の2ショット！

巨大なティラノサウルスの頭は、肌の質感まで物凄くリアル！　今にも動き出しそうです。開いた口に、手や頭を入れて記念撮影する人が多いみたい。インパクトのある写真が撮れますよ〜。（和歌山県／32歳／メソッドウーマン）

ヴェロキラプトル・ フォト

【エリア】ジュラシック・パーク
【場　所】「ジュラシック・アウト
　　　　フィッターズ」内

捕らえられた暴れ者？

店の中にある檻を模したコーナーに、ヴェロキラプトルがいます。天井に設置されたカメラで撮影してくれて、フォルダ入りの写真を買えました。クルーがいない時は、外から普通に撮影しても大丈夫みたい。（大阪府／17歳／クッキ）

ニューヨーク・エリアの 書割り

【エリア】ニューヨーク・エリア
【場　所】「アメージング・
　　　　アドベンチャー〜」隣

NYの名所をバックに撮影

映画で使われる書割りという技法で、グッゲンハイム美術館やニューヨーク公立図書館など、ニューヨークの名所が描かれています。写真に撮ると、本物の建物のようにリアルに写るからフシギです。（佐賀県／33歳／からすみ娘）

ハミ出し
情報
ユニバーサル・ワンダーランドの入口もオススメの撮影スポット！　キャラクターの像やきれいな花壇があって、写真映えします。（栃木県／43歳／娘はエルモ・ファン）

アクセス情報

**電車、バス、車、船…USJ へのアクセス方法はいろいろ。
自分たちに最適な方法をチョイスして出発しよう！**

電車の場合

　USJ の最寄り駅は JR ゆめ咲線「ユニバーサルシティ駅」。新大阪駅からのアクセスは、まず JR 京都線で大阪駅へ出て、ユニバーサルシティ駅行き直通電車に乗るか、JR 大阪環状線で西九条駅へ行き、そこで JR ゆめ咲き線に乗り換えよう。大阪国際（伊丹）空港からは、モノレールで蛍池駅へ行き阪急宝塚線に乗り換えて梅田駅へ。徒歩で大阪駅まで移動したら後は上記と同様。関西国際空港からなら、関空快速や特急の直通で JR 西九条駅へ行き、JR ゆめ咲き線に乗り換えれば OK。

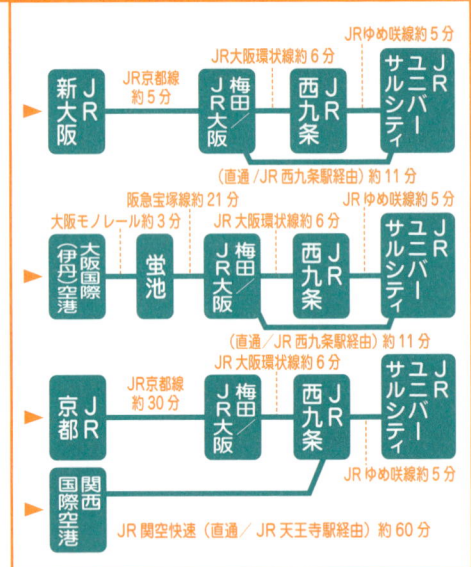

バスの場合

　大阪国際（伊丹）空港と、関西国際空港からは、USJ 行きの空港リムジンバスが出ている。さらに近畿地方からは、三ノ宮、ポートアイランド、六甲アイランド、白浜など、四国地方からは徳島、丸亀、高松などから USJ 行きのバスが出ている。

　その他にも、東京をはじめ各方面から USJ 行きの長距離バスが出ている。交通費を割安に済ませたい人にオススメだ。運行会社や価格などの詳細は USJ の公式ホームページで確認しよう。また、酔いやすい人は酔い止め薬などを忘れずに。

ハミ出し情報 大阪駅と梅田駅は直結しているけど、いつも大混雑しているので移動が大変。グループは仲間とはぐれないよう注意した方がいいよ。（佐賀県／19 歳／ろっこんしょーじょー）

 車の場合

高速道路を利用する場合、阪神高速湾岸線の北港 JCT から阪神高速2号淀川左岸線に入り、ユニバーサルシティ出口で降りれば、パークの第一駐車場にたどり着く形となる。一般道の場合は、此花区内の国道43号線と北港通が交差する梅香交差点を舞州方面に 3km ほど進めば、すぐに USJ の案内板が見えてくるだ

ろう。駐車場の利用時間はパーク開園90分前から閉園2時間後まで。料金は時期や曜日により変動するが、普通乗用車で 2500 円〜 3500 円。また、先着 20 台でゲート最寄りのプリファード区画に駐車でき、料金はプラス 1000 円かかる。

USJ 最寄駅から一つ隣の駅である安治川口駅前には民間の駐車場もあるので、節約したいならそちらの利用も手だ。

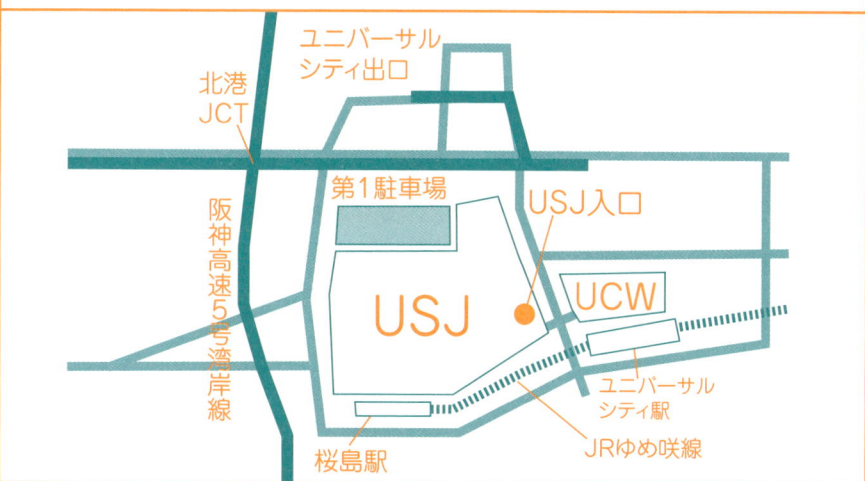

海上シャトルの場合

ちょっぴりユニークなアクセス方法が、海上シャトル船。現在は、「キャプテンライン」のみが存在し、USJにほど近いユニバーサルシティポートという船着場に到着する。そこからUSJ までは、徒歩で 2 〜 3 分とアクセスしやすい。

「キャプテンライン」は海遊館西はとば停留所から運行しており、料金は片道大人 700 円／子ども（小学生） 400 円／幼児（4 歳以上） 300 円。海遊館とかけもちする際に便利だし、船の旅は貴重な機会。乗船時間は約 10 分となっている。

通の宿泊ワザ USJ オフィシャルホテル活用法

USJ のパートナーホテルのうちパークから徒歩数分圏内にある「オフィシャルホテル」。USJ を存分に味わえるメリット満載だ。

メリットもたくさん！個性あふれる 6 つのホテル

USJ まで徒歩数分だから、朝イチから夜遅くまで思いっきり USJ を楽しむのに最適なオフィシャルホテル。しかもただ近いだけでなく、右に挙げるようなメリットもたくさんある。USJ 好きなら、一度は泊まってみたいものだ。

オフィシャルホテルはそれぞれ個性的で、どれも魅力的。2017 年には "和ホテル"「ザ シンギュラリ ホテル〜」がオープンして、さらに選択肢も増えた。

USJ のオフィシャルホテルはこの 6 つ

和とモダンを融合したオシャレな世界観が魅力。展望露天風呂が凄い！

ザ シンギュラリ ホテル&スカイスパ アット ユニバーサル・スタジオ・ジャパン

メインゲートに最も近い。客室の半数以上がパークビュー！

ザ パーク フロント ホテル アット ユニバーサル・スタジオ・ジャパン

セサミストリートをモチーフにしたコンセプトフロアが楽しい。

ホテル近鉄 ユニバーサル・シティ

ハリウッドや映画をモチーフにした楽しい内装は見モノ。

ホテル京阪 ユニバーサル・シティ

飛行船をモチーフにしたスカイレストラン&バーは景色も最高！

ホテル京阪 ユニバーサル・タワー

ファンにはたまらない「ミニオン」がコンセプトの客室あり。

ホテル ユニバーサル ポート

ハミ出し情報 「ホテル ユニバーサル ポート」の「ミニオンルーム 2」に一家で泊まりました。巨大なピンクのクマの椅子が激カワだったよ！（埼玉県／34 歳／トロールママ）

スタジオ・パスをホテル内で買える

チケットブースの行列に並ぶ必要がない!

ホテル内にチケットカウンターが設けられており、年間パス以外のほぼすべての個人向けチケットを購入できる。また、旅行会社などで購入した観光券（チケットブースで引き換えが必要なもの）の種類によっては、ここでスタジオ・パスに引き換えることも可能。

口コミ

ムダな時間を大幅削減!
チケットブースに並ばなくていいのが便利! 混雑時なんかだと、入る前に30分ぐらいはタイムロスしちゃうからね。(東京都／30歳／皇祐)

USJのグッズが購入できるホテルも!

USJ公式グッズショップがある2つのホテル

「ホテル近鉄ユニバーサル・シティ」と「ホテル ユニバーサル ポート」には、公式のグッズを販売するショップがホテル内にある。おみやげの買い忘れ時などに便利だ。ちなみにアソシエイトホテルでは、「神戸ベイシェラトン ホテル&タワーズ」内にもショップがある。

口コミ

ショップがあって大助かり
上司へのおみやげを買い忘れてしまったワタシ…。でもホテルにショップがあってひと安心。量こそそれほど多くないけど、そこそこの品揃え。(京都府／23歳／ローグ)

キャラクターをあしらった部屋も!

キャラクターがデザインされたかわいい客室

例えば「ホテル近鉄ユニバーサル・シティ」には、セサミストリートの仲間たちをモチーフとした「ユニバーサル・ワクワク ハッピー・フロア」というコンセプトフロアや、ウッディー・ウッドペッカールームなどがある。どうせなら寝る時までUSJに浸るにも悪くないかも?

口コミ

アメニティなどにもご注目
オフィシャルホテルって、USJデザインのアメニティを置いてあるところもあるんだよね。あと、キャラをデザインしたグッズをもらえることも。(滋賀県／30歳／さくら)

とにかく近い! USJへのアクセス

USJは徒歩圏内、5分もあればパークへ到着!

オフィシャルホテルの最大の魅力は、やはりアクセスが抜群に良いこと。どのホテルからもUSJまで徒歩で行ける。だから、夜は遅くまで遊べるし、朝はゆっくりできる。また、その近さを活かして、パークを見下ろせる“パークビュー”の部屋があるホテルもある。

口コミ

USJの余韻が冷めない
USJからものの数分で帰って来られるから、パークの余韻にドップリ浸りながら眠りにつけるのが最高!電車に乗ったりするとせっかくの余韻冷めるからね。(広島県／32歳／M)

ハミ出し情報 「ザ パーク フロント ホテル〜」のロビーには、USJのゲート前にもある、あのユニバーサルの地球があります! 記念撮影しちゃった。(東京都／40歳／リエコ愛してる)

USJパートナーホテル一覧

**USJには、大阪～神戸に提携する29のパートナーホテルがある。
提携ホテルならではのメリットもあるので、ぜひ活用しよう！**

遠方から泊まりがけで USJ に遊びに来る予定なら、提携ホテルを利用すると、アクセスやチケット入手の面などで何かと便利。特に 6 軒のオフィシャルホテルは P168-169 でも紹介したように、お得でうれしい特典が満載だ。

オフィシャルホテル

ザ シンギュラリ ホテル & スカイスパ アット ユニバーサル・スタジオ・ジャパン
【住　所】大阪府大阪市此花区島屋 6-2-25
【最寄り駅】JR ゆめ咲線ユニバーサルシティ駅　徒歩約 1 分
【USJ までの所要時間】徒歩約 2 分
【問い合わせ先】☎ 06-4804-9500

ザ パーク フロント ホテル アット ユニバーサル・スタジオ・ジャパン
【住　所】大阪府大阪市此花区島屋 6-2-52
【最寄り駅】JR ゆめ咲線「ユニバーサルシティ」駅徒歩約 1 分
【USJ までの所要時間】徒歩約 1 分
【問い合わせ先】☎ 06-6460-0109

ホテル近鉄ユニバーサル・シティ
【住　所】大阪府大阪市此花区島屋 6-2-68
【最寄り駅】JR ゆめ咲線ユニバーサルシティ駅　徒歩約 2 分
【USJ までの所要時間】徒歩約 1 分
【問い合わせ先】☎ 0120-333-001（宿泊予約センター）

ホテル京阪 ユニバーサル・シティ
【住　所】大阪府大阪市此花区島屋 6-2-78
【最寄り駅】JR ゆめ咲線ユニバーサルシティ駅　徒歩約 1 分
【USJ までの所要時間】徒歩約 1 分
【問い合わせ先】☎ 06-6465-0321

ホテル京阪 ユニバーサル・タワー
【住　所】大阪府大阪市此花区島屋 6-2-45
【最寄り駅】JR ゆめ咲線ユニバーサルシティ駅　徒歩約 1 分
【USJ までの所要時間】徒歩約 2 分
【問い合わせ先】☎ 06-6465-1001

ホテル ユニバーサル ポート
【住　所】大阪府大阪市此花区桜島 1-1-111
【最寄り駅】JR ゆめ咲線ユニバーサルシティ駅　徒歩約 3 分
【USJ までの所要時間】徒歩約 4 分
【問い合わせ先】☎ 06-6463-5000

ハミ出し情報　「リーガロイヤルホテル」には、USJ とコラボしたファミリー向け客室があるんです！　ウッディーがデザインされていて超カワイイ！（愛知県／ 38 歳／保育士）

アライアンスホテル

ホテル ニューオータニ大阪	【住所】大阪府大阪市中央区城見 1-4-1 【最寄り駅】JR 大阪環状線大阪城公園駅から徒歩約 5 分【USJまでの所要時間】電車で約 22 分【問い合わせ先】☎ 06-6941-1111
大阪マリオット 都ホテル	【住所】大阪府大阪市阿倍野区阿倍野筋 1-1-43 【最寄り駅】地下鉄御堂筋線天王寺駅直結【USJまでの所要時間】電車で約 15 分【問い合わせ先】☎ 06-6628-6111
ザ・リッツ・ カールトン大阪	【住所】大阪府大阪市北区梅田 2-5-25 【最寄り駅】JR 大阪駅から徒歩約 7 分【USJまでの所要時間】電車で約 20 分【問い合わせ先】☎ 06-6343-7000
帝国ホテル大阪	【住所】大阪府大阪市北区天満橋 1-8-50 【最寄り駅】JR 大阪環状線桜ノ宮駅から徒歩約 5 分【USJまでの所要時間】電車で約 30 分【問い合わせ先】☎ 06-6881-1111
ホテル日航大阪	【住所】大阪府大阪市中央区西心斎橋 1-3-3 【最寄り駅】地下鉄御堂筋線心斎橋駅直結【USJまでの所要時間】電車で約 40 分【問い合わせ先】☎ 06-6244-1111
リーガロイヤル ホテル	【住所】大阪府大阪市北区中之島 5-3-68 【最寄り駅】京阪電車中之島線中之島駅直結【USJまでの所要時間】直通シャトルバスで約 25 分【問い合わせ先】☎ 06-6448-1121

アソシエイトホテル

アートホテル大阪 ベイタワー	【住所】大阪府大阪市港区弁天 1-2-1 【最寄り駅】JR・地下鉄中央線弁天町駅直結【USJまでの所要時間】電車＆徒歩で約 25 分【問い合わせ先】06-7652-1374
大阪第一ホテル	【住所】大阪府大阪市北区梅田 1-9-20 【最寄り駅】JR 大阪駅から徒歩約 3 分【USJまでの所要時間】電車＆徒歩で約 15 分【問い合わせ先】☎ 06-6341-4411
カンデオホテルズ 大阪なんば	【住所】大阪府大阪市中央区東心斎橋 2-2-5 【最寄り駅】地下鉄各線心斎橋駅、なんば駅から徒歩約 10 分【USJまでの所要時間】電車で約 35 分【問い合わせ先】☎ 06-6212-2200
コートヤード・バイ・マリオット 新大阪ステーション	【住所】大阪府大阪市淀川区宮原 1-2-70 【最寄り駅】JR 新大阪駅から徒歩約 1 分【USJまでの所要時間】電車で約 20 分【問い合わせ先】☎ 06-6350-5701
シェラトン 都ホテル大阪	【住所】大阪府大阪市天王寺区上本町 6-1-55 【最寄り駅】近鉄大阪上本町駅直結【USJまでの所要時間】電車＆徒歩で約 25 分【問い合わせ先】☎ 06-6773-1111
ハイアット リージェンシー大阪	【住所】大阪府大阪市住之江区南港北 1-13-11 【最寄り駅】ニュートラム南港ポートタウン線中ふ頭駅から徒歩約 3 分【USJまでの所要時間】直通シャトルバスで約 15 分【問い合わせ先】☎ 06-6612-1234
ホテル グランヴィア大阪	【住所】大阪府大阪市北区梅田 3-1-1 【最寄り駅】JR 大阪駅直結【USJまでの所要時間】電車＆徒歩で約 10 分【問い合わせ先】☎ 06-6344-1235
ホテルシーガル てんぽーざん大阪	【住所】大阪府大阪市港区海岸通 1-5-15 【最寄り駅】地下鉄中央線大阪港駅から徒歩約 5 分【USJまでの所要時間】車で約 10 分【問い合わせ先】☎ 06-6575-5000
ホテルモントレ 大阪	【住所】大阪府大阪市北区梅田 3-3-45 【最寄り駅】JR 大阪駅から徒歩約 5 分【USJまでの所要時間】電車＆徒歩で約 25 分【問い合わせ先】☎ 06-6458-7111
ホテルモントレ グラスミア大阪	【住所】大阪府大阪市浪速区湊町 1-2-3 【最寄り駅】JR 難波駅直結【USJまでの所要時間】電車＆徒歩で約 25 分【問い合わせ先】☎ 06-6645-7111
クインテッサホテル 大阪ベイ	【住所】大阪府大阪市住之江区南港北 1-13-65 【最寄り駅】大阪市営ニュートラム 南港ポートタウン線中ふ頭駅より徒歩約 4 分【USJまでの所要時間】シャトルバスで約 15 分【問い合わせ先】06-6613-7007
三井ガーデンホテル 大阪プレミア	【住所】大阪府大阪市北区中之島 3-4-15 【最寄り駅】地下鉄四つ橋線肥後橋駅から徒歩約 5 分【USJまでの所要時間】シャトルバス＆徒歩で約 25 分【問い合わせ先】☎ 06-6444-1131
兵庫県 神戸ベイシェラトン ホテル＆タワーズ	【住所】兵庫県神戸市東灘区向洋町中 2-13 【最寄り駅】六甲ライナーアイランドセンター駅直結【USJまでの所要時間】直通バスで約 25 分【問い合わせ先】☎ 078-857-7000
神戸ポートピア ホテル	【住所】兵庫県神戸市中央区港島中町 6-10-1 【最寄り駅】ポートライナー市民広場駅から徒歩約 1 分【USJまでの所要時間】直通バス（要予約）で約 40 分【問い合わせ先】☎ 078-302-1111
ホテル ヒューイット甲子園	【住所】兵庫県西宮市甲子園高潮町 3-30 【最寄り駅】阪神本線甲子園駅から徒歩約 2 分【USJまでの所要時間】電車で約 30 分【問い合わせ先】☎ 0798-48-1111
ホテルオークラ神戸	【住所】兵庫県神戸市中央区波止場町 2-1 【最寄り駅】JR・阪神元町駅から徒歩約 10 分【USJまでの所要時間】バス（神姫バス三ノ宮バスターミナルで乗換）で約 50 分【問い合わせ先】☎ 078-333-0111
ホテルプラザ神戸	【住所】兵庫県神戸市東灘区向洋町中 2-9-1 【最寄り駅】六甲ライナーアイランドセンター駅から徒歩約 3 分【USJまでの所要時間】車で約 25 分【問い合わせ先】☎ 078-846-5400

ハミ出し情報　最新の「ザ パーク フロント〜」は建物のデザインがカッコ良過ぎ！　まるで USJ のアトラクションみたいな雰囲気です。マジで。（北海道／ 26 歳／デイトレ修行中）

ユニバーサル・シティウォーク大阪（UCW）も体験しよう！

駅と USJ のゲートを結ぶエリアに建つ大型商業施設、UCW。
個性的なお店がたくさんあるので、USJ の前後にぜひ足を運んでみよう。

個性的なレストランやショップに加え便利な施設も充実！

UCW は基本的に「City Gate」、「City Shops」、「City Food」の３フロアに分かれている。和洋中からカフェ、ファストフードまで個性豊かなレストラン、おみやげものから衣料品、雑貨などを扱う多種多様なショップが並び、１日中いても飽きない施設だ。

コンビニやドラッグストアもあり、雨具や電池などの必需品を安く買うのに重宝する。また、パーク内のレストランは値段もやや高めの設定なので、入園前もしくは退園後に、UCW のファストフード店やたこ焼き店などを利用する人も多いようだ。

【USWのおすすめレストラン＆ショップ】

店名	ジャンル	口コミ
TAKOYAKI PARK	レストラン	大坂を代表するたこ焼き屋が集結した施設！　友達とシェアして食べ比べすると楽しいです。たこ焼きグッズも売ってますよ！（岩手県／31歳／くくるファン）
ババ・ガンプ・シュリンプ	レストラン	映画『フォレスト・ガンプ』をテーマにしたお店！　西日本の店舗はここだけらしい。プリップリのエビ料理は、お酒との相性もバツグン！（京都府／39歳／ヒデ）
串家物語	レストラン	ここはなんと、自分で揚げて食べられるビュッフェスタイルの串揚げ屋さん。仲間と一緒に揚げて食べるとメチャ盛り上がる〜！（広島県／30歳／まゆちい）
FUGETSU USA	レストラン	アメリカンテイストのお好み焼きが楽しめるお店。ハンバーガータイプのお好み焼きとか、変わり種を楽しめます。内装も個性的！（岡山県／26歳／やっちゃん）
ポップコーンパパ	テイクアウトフード	ポップコーンの種類は32種類！　特に私がオススメなのは「うめかつお」味。梅の香りも良く、一度食べたら止まらない！（神奈川県／28歳／ツカっちゃん）
Little OSAKA	ショップ	大阪みやげに最適な、グリコや吉本関連のグッズを扱うお店です。ここで職場へのおみやげは全部そろえちゃいました〜！（東京都／40歳／パチパチパンチ）
JUMP SHOP	ショップ	漫画雑誌「ジャンプ」のキャラクターたちのグッズが幅広くそろっています。『ワンピース』のグッズを買いだめしちゃったよ。（奈良県／20歳／ヨンジ）

ハミ出し情報 UCW の公式サイトは要チェック！　どんなお店や施設があるかよく分かるし、お店のクーポンなども入手できてとってもおトク。（佐賀県／30歳／サクラの花さくころに）

さくいん

173

ショップ

UCW

ホテル

```
その他
```

■企画・編集
テーマパーク研究会

■デザイン
飯岡 るみ

■原稿
テーマパーク研究会

■イラスト
のりメッコ

ユニバーサル・スタジオ・ジャパン 決定版「得口コミ」完全攻略ガイド

2018年4月20日　第1版・第1刷発行

著　者　テーマパーク研究会
発行者　メイツ出版株式会社
　　　　代表　三渡 治
　　　　〒102-0093 東京都千代田区平河町一丁目1-8
　　　　TEL：03-5276-3050（編集・営業）
　　　　　　　 03-5276-3052（注文専用）
　　　　FAX：03-5276-3105
印　刷　株式会社厚徳社

ご意見・ご感想はホームページから承っております。
メイツ出版ホームページアドレス http://www.mates-publishing.co.jp/

編集長：折居かおる　企画担当：堀明研斗　制作担当：千代 寧

本書は2016年発行の「ユニバーサル・スタジオ・ジャパン得口コミ『完全攻略』マニ
ュアル」を元に加筆・修正を行ったものです。